メディアは誰のものか

――「本と新聞の大学」講義録

モデレーター
一色 清 Isshiki Kiyoshi
姜尚中 Kang Sang-jung

池上 彰 Ikegami Akira
青木 理 Aoki Osamu
津田大介 Tsuda Daisuke
金平茂紀 Kanehira Shigenori
林 香里 Hayashi Kaori
平 和博 Taira Kazuhiro

a pilot of wisdom

JN166440

目次

まえがき

姜尚中

メディアは誰のものなのか？

新聞などの活字メディアやテレビなどの映像メディアに登場するようになって以来、ずっと脳裏にあったテーマである。

極私的に言えば、戦後四〇周年の終戦記念日に向けて私は全国紙の朝日新聞に投稿し、それが採用され、顔写真入りの記事で新聞にデビューを飾ることになった。一九八五年のプラザ合意で最強の円経済の実力を示した日本が、バブル経済の宴《うたげ》に酔っていた時代である。敗戦から四〇年、戦勝国・米国すらも凌駕《りょうが》する経済大国として躍り出た日本には、ユートピアは実現されたという多幸症的な空気が広がっていた。日本はポストモダンの超先進国にして、日本的スノビズムの文化の現代版とも言えるサブカルチャーが世界を席巻《せっけん》し始めていた。

ポストモダンの知的意匠の大衆化とともに、戦後民主主義の理念的な批判力は減退し、曲がりなりにも論壇を形作っていた総合誌（総合雑誌）が急激に影響力を失い、社会学者の清水幾太郎の皮肉っぽい言葉を借りれば、「パッと判る漫画と、他人（ひと）は誰も読まぬ言論とは、背中合せの共犯者」（「時評」東京新聞一九七九年一〇月一日）になってしまった感すら漂っていたのである。

活字メディアの退潮は誰の目にも明らかであった。そして新聞にとって、戦後民主主義の牽《けん》引《いん》力になってきたという矜持《きょうじ》も、もはや盤石ではなくなっていた。

それでも、私の目には朝日新聞の「権威」はまだ輝いていたように見えた。投稿によるオピニオンの欄は、ジャーナリズムのアマチュアの読者に開かれた「広場」のように思えたのである。平凡な読者のひとりにとって読者の「広場」という紙面は、政治の季節が終わり、公的な空間が極私的な世界に微分化された時代に残された、最後の共通の「広場」であった。

しかし、紙媒体の活字メディアが、猥雑《わいざつ》で瞬間芸的で煽情《せんじょう》的な映像メディアより位階的に上位に立ち、より知的であり、より進歩的であるという私の思い込みは覆されていくことになる。

一九九一年の湾岸戦争を契機にテレビ朝日の深夜討論番組「朝まで生テレビ!」に間歇《かんけつ》的に出演するようになり、私はテレビという映像メディアの牽引力に驚かざるをえなかった。とりわけ、湾岸戦争ではリアルタイムの映像とともに、まるで戦場を俯瞰《ふかん》しているような疑似体験が可能になり、「速度戦」に対抗できない活字メディアは駆逐され、臨場感とリアルタイムの生々しさに溢《あふ》れた映像メディアが一躍、メディアの世界を席巻するようになったのである。

だが、テレビのような映像のメディアの危うさは、世界にショックを与え、サダム・フセインへの反感を助長することになった、出所不明の、原油まみれの水鳥の映像を見ても明らかだった。直感的にその不自然さとプロパガンダ的な映像に強い不信感を持ちながらも、私はそれを、エビデンスをもって反証する術《すべ》を持たないまま、テレビ・メディアの、紙媒体のような手触りのなさに苛立《いらだ》ちを覚えていた。

「朝生知識人」などと、半ば揶揄《やゆ》的な、半ばヒロイックなニュアンスで呼ばれるようになったにもかかわらず、映像メディアを代表するテレビへの違和感は、その後もなくなることはなかった。テレビには、どんなに侃々諤々《かんかんがくがく》の「本音」が無数の泡のように沸き立っていても、そこには新聞の投稿欄に感じていたような、共通の「仮想の広場」という感覚が欠落していたのである。いったい、テレビは、映像は、誰のものなのか？　この問いはくすぶり続けたままだった。

　平成の始まりに感じた、メディアをめぐる疑念は、その後も解消されないまま、平成という三〇年に及ぶ時代が終わり、世界はグローバル化の逆流に翻弄され、メディアの存在価値すら問われようとしている。いったい活字メディアに存在理由があるのか。あるとすれば、それは誰のためなのか。

　こうした問いのもと、今あらためて気付かされるのは、エスタブリッシュメントとなった新聞などの活字メディアと、キー局を中心とするテレビ・メディアの「斜陽化」であり、ネットの仮想空間も含めて、メディアの恐ろしいほどの多様化が進み、アナーキーなほど無秩序に真偽不明の情報が飛び交っているにもかかわらず、同時に人々の言動がステレオタイプ化しつつあるという奇妙な現実である。このジョージ・オーウェルの「一九八四」的世界をどう読み解いたらいいのか。

私と一色清さんは、新聞、テレビ、ネット、そして大学の現場で、メディアは誰のものかを読者とともに考えるために、現在考えられうる最高の講師陣を選び、六期に及ぶ「本と新聞の大学」を閉じることにしたのである。

「本と新聞の大学」はここに一旦は閉じられてしまうが、「メディアは誰のものなのか？」というテーマは、この後も私たちの社会とその未来にとって死活的に重要な問題であり、今後も論じられなければならないはずだ。

第一回　基調講演

縮むマスメディア

一色　清×姜尚中

〈いっしき・きよし〉

朝日新聞社教育コーディネーター。一九五六年、愛媛県生まれ。一九七八年に朝日新聞社入社。以降、経済部記者、経済部次長、「AERA」編集長、「be」エディター、出版本部長補佐、「WEBRONZA」編集長などを歴任。二〇〇八年から一一年まで、テレビ朝日「報道ステーション」コメンテーターも務めた。

〈カン・サンジュン〉

政治学者・作家。東京大学名誉教授。一九五〇年、熊本県生まれ。著書に『マックス・ウェーバーと近代』『日朝関係の克服』『在日』『姜尚中の政治学入門』『維新の影』『悩む力』『続・悩む力』『心の力』『母の教え』など。小説作品に『母―オモニ―』『心』がある。

（講義日　二〇一七年一一月二一日）

【基調講演】

新聞、テレビの弱体化

一色　今回の「本と新聞の大学」では「メディアは誰のものなのか?」という、これまでの中で最も絞り込んだテーマを設定しました。そこで、私の方から、全体の見取り図になる話をさせていただきたいと思います。

現在、メディアはいろいろと難しい局面にあり、今後、それらの問題が社会に様々な影響を及ぼしていくと予想されます。まず、マスメディアが縮んでいる、つまり弱体化しているという問題について考えてみましょう。一般には、新聞とテレビを指して「マスメディア」と呼ぶことが多いのですが、新聞もテレビも二〇〇〇年前後をピークに縮みつつあると言えます。

世帯数の伸びがほぼ止まったという要素はあるにせよ、その最大の原因は、もちろんインターネットです。マイクロソフト社のウィンドウズ95が発売された「インターネット元年」と言われる一九九五年以降、インターネットは私たちの日常に入り込み、二〇〇〇年頃には、もはや生活に欠かせない存在となっていきました。

新聞の方からみていくと、スポーツ紙も含めた新聞全体の発行部数は、二〇〇〇年の約五四〇〇万部をピークに、ほぼ一貫して右肩下がりで減り続けています。現在の発行部数はピーク時からおよそ二〇％減っており、減少のスピードは徐々に速くなっているのです。

今はネットがあれば無料でニュースをみることができますから、わざわざ購読料を払って新聞を読まなくてもすんでしまいます。特に若者たちは「ニュースはヤフーニュースをみれば十分」という感覚でしょう。朝日新聞の若い記者の話ですが、彼が書いた記事が第一面に載っても、友人は新聞を読んでいないので、なんの反応もなかったそうです。ところが、記事がヤフーニュースで取り上げられると、「すごいな」と反響が大きく、それがとても嬉《うれ》しかった、というのです。私たちの時代は、新聞の第一面に自分の記事が載ることが記者の最高の栄誉だったわけですが、今や若い記者にとってはヤフーニュースに載る方がモチベーションになる時代なのです。

一方、新聞ほどではないにせよ、テレビもじわじわと縮みつつあります。総世帯視聴率の推移をみると、そのピークはやはり新聞同様、二〇〇〇年前後です。夜七時から夜一〇時までのゴールデンタイムだけを取っても、ピーク時の総世帯視聴率は約七〇％だったのが、二〇一七年度では約六〇％にまで落ちています。また、午前六時から深夜〇時までの「全日」の総世帯視聴率も、二〇〇〇年度の約四五％から四％ほど下がっており、要するにこの間、テレビをつけている家自体が減ったということなのです。

テレビ、特に民間放送のテレビ局の収入源は広告（コマーシャル）です。視聴率の減少はコマーシャルの価値に直結しますから、テレビの広告収入は徐々に減っていくと予想してもおかしくありません。テレビの影響力はいまだ大きいとはいえ、こうした事実を客観的にみていくと、テレビもまたピークを過ぎたメディアになりつつあると言えるでしょう。

マスメディアがネットの「真実」を報道しない理由

マスメディアは、ネットでよく「マスゴミ」などと言われます。こうした言葉が出てくるのも、ネットユーザーの中にマスメディアへの強い不信感があるからでしょう。

たとえば、二〇一六年に総務省が行った「情報通信メディアの利用時間と情報行動に関する調査」によると、新聞を「信頼する」と答えたのは六〇代が七七・二％、五〇代が七六・五％に対し、二〇代は六四・五％、三〇代は六二・二％と低くなっています。テレビも若い世代ほど信頼度が低いという同様の傾向になっています。若者はネットに頼る傾向が強いため、新聞やテレビへの不信感が大きくなると考えられます。

「マスゴミ」という言葉を使う人たちは、「真実はネットにしかない」と思い込んでいるのかもしれません。そうした「真実」には、しばしばフェイクニュースや陰謀論のような怪しげな言説も混じっているのですが、「マスメディアは外国に支配されているから、こういう真実を報じないのだ」などと促え、「だからマスゴミは信用できない」という理屈で片付けてしまいます。

マスメディアがネットで流布されている「真実」を伝えない理由は様々です。確かに、マスメディアでは、情報をつかんでいても報道しないことがあります。しかし、それはネットで言われているような「陰謀」や「悪意」によるものではなく、その情報が本当に正しいかどうか確認できなければ表に出さない、という原則に従っているだけなのです。さも「真実」らしくネットに出ている情報が実際には間違った事実関係や解釈を元にしている場合、当然、マスメディアは報道しません。また、銀行破綻のような、公にしたときに非常に大きな社会的影響が予想される情報に関しては、いつ報道するか、ベストのタイミングを計るということもあります。

新聞をきちんと読んだり、テレビのニュースを日頃から観《み》たりしていれば、おそらく、「ネットの真実」を鵜呑《うの》みにするようなことはないのではないかと思います。逆に、普段マスメディアの報道に接していないと、ネット上の言説を素直に信じて「目からウロコ」のように感じ、「マスゴミなんて信用できない」「真実はネットにある」という考えに陥ってしまうのかもしれません。

本音が建前を凌駕《りょうが》する時代

マスメディアには「建前」「きれいごと」の部分が大きいのは確かです。たとえば、マスメディアは基本的に弱者やマイノリティーに寄り添うという立場を取っています。私たちが生きている自由な社会では、強い者はより強く、弱い者はより弱くなりがちという「現実」を考えれば、マスメディアが弱者やマイノリティー寄りになることで、そうした「現実」にある程度のバランスを回復させることができるわけです。

一方、ネットで繰り広げられている「本音」の世界では、そうしたマスメディアの「建前」や「きれいごと」は不公平だ、とする感覚が強いようです。「強者でも弱者でもない自分たちは、厳しい『現実』に翻弄され、なおかつマスメディアにも肩入れしてもらえない」「結局、一番割をくっているのは自分たちだ」と考える人たちは、「現実」に立ち向かうよりも、弱者を叩《たた》いて「本音」を全開にし、「建前」の息苦しさを打破することで、快感を得ているようにみえます。

アメリカのトランプ現象は、まさにそうした「本音」の快感が生み出したものと言えるでしょう。アメリカという国は自由な社会でありつつ、ポリティカル・コレクトネス（政治的正しさ）に基づき、マイノリティーである黒人や女性、あるいはLGBTといった人々を引き上げる政策を「建前」としています。そうした政策自体は社会のバランスを取るために必要と言えますが、マイノリティーの枠内には入らない白人男性にとってはそれが、「自分は一生懸命働いているのに、下駄《げた》をはかせてもらうこともできず、貧しくなる一方だ」「マイノリティーばかり優遇されて、不公平だ」という欲求不満の元となりがちです。それに加えて、メディアに対し、「建前ばかりを偉そうに唱える、鼻持ちならないエリートの集まり」と反発する感情も生まれるでしょう。ドナルド・トランプ大統領は、こうした人々の「本音」を巧みにすくい上げ、ネットを介して、大きな支持を結集させることに成功したというわけです。

トランプ大統領と安倍首相の共通点

マスメディアへの不信感あるいはメディアの弱体化に乗じて、「敵」と「味方」を選別する政治家が目立つようになりました。たとえばトランプ大統領は、「大嫌いだ」と公言するニューヨーク・タイムズやワシントン・ポスト、CNNを「敵」、タカ派のFOXテレビなどを「味方」と、明確に分けています。

以前であれば、国のトップになるような政治家は、自分に批判的なメディアであっても、その読者や視聴者もまた「国民」である以上、取材を受ける義務があるという意識を持っていました。その根底には、「政治は国民全体に向けて行われるべきだ」というコンセンサスがあったはずです。

ですから、かつての日本では首相が新聞やテレビの独占インタビューを受けるなど、考えられませんでした。安倍晋三首相は、自分を支持するメディアには出ても、厳しい質問をしてくるような番組には出演しない、というスタンスを取ることがありますが、それはつまり、「自分は国民のリーダーではなく、自分を支持してくれる人のリーダーである」という意識の表れと言えます。

そうした意識が表に出たのが、二〇一七年都議選の最終日に秋葉原で行った応援演説の最中の一言です。安倍首相は自分にやじを飛ばす集団を指して、「こんな人たちに負けるわけにはいかない」と気色ばみましたが、「こんな人たち」も「国民」であるという意識があれば、そのような発言が飛び出すことはなかったでしょう。

メディアを「敵」「味方」に分け、「敵」のメディアの背後にいる「国民」をみようとしないという点で、トランプ大統領と安倍首相は共通しています。二〇一七年二月一一日、安倍首相寄りとみられる産経新聞の報道によると、トランプ大統領就任後初めての日米首脳会談で、安倍首相は「私は朝日新聞にたたかれたが、勝った」と言い、トランプ大統領は「俺もニューヨーク・タイムズに勝った」と応じたそうです。この記事を否定する報道はありませんので、おそらく事実だろうと思います。しかし、先ほどから申し上げているように、朝日新聞の後ろにもニューヨーク・タイムズの後ろにも「国民」がいるのです。

こうした為政者たちによるメディアの分断は、国民の分断にもつながっていきます。そして、その溝はどんどん深まっているのです。

フェイクニュースの拡散が止まらない

二〇一六年から一七年にかけて、フェイクニュースの横行が話題になりました。「にせニュース」そのものは今に始まったことではありません。江戸時代の民衆運動「ええじゃないか」も口コミから始まった「にせニュース」に拠《よ》ると言えますし、関東大震災における朝鮮人虐殺も「朝鮮人が井戸に毒を投げ込んだ」というデマから広がりました。しかし、現在のフェイクニュースの大きな特徴は、フェイスブックやツイッターといったSNSによって爆発的に拡散されてしまう点にあります。

たとえば、二〇一六年のアメリカ大統領選で最もシェアの件数が多かったフェイクニュースは、ローマ法王がトランプ支持を表明したというもので、なんと九六万件ものシェアがあったそうです。他にも、何十万という単位で一気に拡散されていったフェイクニュースがいくつもあると聞くと、ネットの威力を改めて感じずにはいられません。しかも、「それは事実ではない」と訂正されても、これほどまでに拡散されてしまったフェイクニュースを打ち消すことは、きわめて困難です。

日本においても、二〇一七年衆議院選挙で様々なフェイクニュースが流れました。その中のひとつに、安倍首相が国連の選挙監視団の査察を拒否した、というブログの情報がありました。国連の選挙監視団の査察を拒否するような不正が日本の選挙にあるという、このブログの主張のシェアやリツイート数は数千件を超えました。しかし、ネットメディアのBuzzFeed Japanが二〇一七年一〇月二一日に明らかにしたように、そもそも、国連の選挙監視団は公正な選挙が行われない恐れのある途上国や紛争国に派遣されるもので、日本のような国はいわば査察対象外と言えます。常識的に考えれば「フェイク」だとすぐにわかるはずですが、安倍首相に批判的な人たちにはこのフェイクニュースを信じたい気持ちが強く、その結果、誤った情報を拡散させてしまったのでしょう。

もうひとつ、同じくネットメディアのハフィントンポスト日本版が二〇一七年一〇月一九日に、右派系のネットTVが「立憲民主党は政党要件を満たしていない」というフェイクニュースを、投票日三日前に流したことを伝えています。立憲民主党は衆議院解散後に結成されましたので、その時点の立憲民主党の立候補者は国会議員ではありません。だから「五人以上の国会議員で構成される」という政党要件を満たしていないのではないかと、このネットTVは疑義を呈したのです。

実はこのニュースが最初に流された直後に、総務省が「規則では『解散時の議席』となっており、新しく結成された立憲民主党は、もちろん政党要件を満たしている」と、疑いを完全に否定しました。また、一度このフェイクニュースを記事にした産経新聞も、後になって訂正を出しています。そのように「事実ではない」ということが明らかにされているにもかかわらず、「立憲民主党は政党要件を満たしていない」と信じたい右派の人たちは、その後もこのニュースの拡散を続けたのです。

これらの事例は、日本でも日常的にフェイクニュースが流布され、訂正された後も、そのフェイクを信じる人が大勢いるということを示していると思います。結局、人間は自分が信じたい情報を信じるという性向を持っているということなのかもしれません。

マスメディアと政権の距離感

フェイクニュースによって、誤った情報がネットで拡散していく危険性にどう対処するかという課題が浮き彫りにされました。これまで「自分たちは投稿者に場所を貸しているプラットフォームであり、発信される情報についての責任はない」と主張してきたフェイスブックなども、やはりフェイクニュース対策は必要だという方向に転換しつつあるようです。とはいえ、ネットの情報の正確性をどう担保するかということについては、まだはっきりした答えはみえていないと言えるでしょう。

このように、ネットで発信される情報にはいろいろな問題があるわけですが、一方でマスメディアの側にも危惧すべき点が見受けられます。

ひとつは、マスメディアの重要な役割のひとつである「権力監視」がおろそかになりつつあるのではないか、という問題です。英語ではwatchdog（番犬）と言われますが、マスメディアは国民の「番犬」として、政権が何かおかしなことをやろうとしていたら、「気をつけろ！」と国民に知らせなければなりません。しかし近年、国民の「番犬」であるべきマスメディアが政権と親しくなりすぎているのではないか、と感じることが増えてきました。

たとえば、朝日新聞に毎日掲載されている「首相動静」は、新聞社やテレビ局のトップや政治を担当する記者たちが安倍首相と会食していることを伝えています。この「メディア関係者と首相の会食」は、特に安倍政権になってから目立つようになりました。

もちろん、首相と会食すること自体が一〇〇％悪いわけではなく、一緒に食事をしながら取材相手の考えを聞いたり、性格を観察したりすることは、取材に非常に役立ちます。ただ、そのときに相手に取り込まれずにいられるか、そこが難しいのです。とりわけ、報道機関のトップが首相と会食するとなると、それは当然、現場の意識や実際の仕事にも影響してきますから、本来はやるべきではない、というのが私の考えです。

会食相手の中でも特に首相との「近さ」を感じさせるのは、渡邉恒雄《わたなべつねお》・読売新聞グループ本社代表取締役主筆です。同席する回数も多いですし、いわば「さし」で向かい合ったと思われる会食も複数回確認でき、安倍首相との関係の深さがうかがえます。

その場にいたわけではないのではっきりしたことはわかりませんが、「会食」と言っても、そこで政治に直接影響するようなやりとりが交わされている可能性は高いと思います。そのひとつの例として、二〇一七年四月二四日に設けられた首相と渡邉氏との会食を挙げてみましょう。その約一週間後にあたる五月三日の憲法記念日に、読売新聞は安倍首相の単独インタビューを第一面に大きく掲載しました。その中で安倍首相は、「憲法改正は二〇二〇年施行を目標とする」「憲法九条に加筆して自衛隊の存在を認める」と、憲法改正について具体的なことを初めて述べたわけですが、タイミングから言っても、憲法改正に関する両者のスタンスの近さから言っても、おそらく渡邉氏との会食の席上で、このインタビューの内容や段取りについて話し合われたと考える方が自然です。

私は朝日新聞の人間なので、どこまで客観的になれているかはわかりませんが、こうした事例をみると、読売新聞はもはや「権力監視」から離れて、自ら政治の「プレーヤー」となろうとしているのではないか、という印象を受けてしまうのです。

おそらく、現在の読売新聞のスタンスには、渡邉氏個人のパーソナリティーも関係しているでしょう。読売新聞が現在のように与党寄りのメディアになったのは、渡邉氏が権力を握った一九八〇年代以降のことです。それまで、読売新聞では非常に活気のある社会部が活躍し、我々朝日新聞の記者たちも敬意を持ってみるようなところがありました。渡邉氏による政治部主導がはっきりしてから、そうした雰囲気が大きく変化していったというのは、私自身の実感です。

いわば公然の秘密となっていますが、渡邉氏は中曽根康弘《なかそねやすひろ》元首相と深い友人関係にあり、二〇〇七年の自民党と民主党の大連立構想などの様々な政界の動きに関与してきたと言われる人物です。渡邉氏自身は、自分は日本のために政治を動かしているという強い自負を持っているのだと思いますが、メディアの役割ということで言えば、やはり本来の仕事とは違うということになるでしょう。

劇評を書く記者で喩《たと》えれば、観劇の際、記者がよく観える席に陣取るのは、劇を観察し、自分が観てきたことを人々に伝えることが仕事だからです。もしも、記者が自ら振付師になって振付をしたり、役者になって舞台の上で演じたりするというのなら、それは、すべき仕事とは言えないでしょう。読売新聞に限らず、首相とメディアのトップが会食することが珍しくなくなってしまった現在のマスメディアは、もはや「禁断の領域」に足を踏み入れているのではないかと憂慮しています。

特ダネは不要になった？

最近のマスメディアをみていて、気になることはまだあります。

たとえば、ある新聞社のデスクは「特ダネはいらない」と公言しているそうです。現在のネット社会において、特ダネを取るアドバンテージは小さくなりました。ネットがなかった時代は、朝刊に特ダネを出せば、夕刊が出るまでの半日の間は他紙よりリードを保つことができ、世の中に大きなインパクトを与えることができました。しかし、今はどの媒体もネットに情報を載せますし、たとえば朝刊の特ダネは遅くとも午前三時の段階でネットに流します。それをみた他紙は急いでその特ダネの裏を取り、「確かだ」となれば、自社のネットにすぐ記事を出します。そうなると、ネット上では特ダネの時間的優位性などなきに等しい、となってしまうのです。

特ダネの価値が以前より低くなったことに加え、世の中の誤報に対する批判は、以前とは比べ物にならないほど厳しいものになっています。特ダネが何本あろうと、ひとつの誤報で全部吹っ飛んでしまう、それくらい誤報のリスクは高くなっているのです。こうした状況に置かれている中で、リスクを取るということに対して、マスメディア全体が非常に慎重になっていると思います。

確かに、特ダネにはある程度のリスクはつきものと言えます。他社に先駆けて情報をつかみ、それをいち早くニュースにするとなれば、「もしかしたら誤報かもしれない」という不安が一、二%ぐらい残っているものです。しかし、私が現場にいた頃は、それでも「行け！」とばかりに原稿を突っ込んでいく気合がメディアにみなぎっていました。

今は、特ダネを取るよりも、それが誤報だった場合のリスクを考えて、何重にも裏を取り、確実性を高めることが重視されると聞きます。もちろん、情報が正確かどうかを確認するのは大切ですし、その意味では、現在のメディアのスタンスはけっして悪いことではありません。ただ、あまりに慎重になりすぎれば、それは「守りに入る」ことにつながり、メディアから活気を奪うことにもなっていくと思います。

「守りに入っている」ということで言うと、二〇一六年に、岸井成格《しげただ》さんや古舘伊知郎《ふるたちいちろう》さん、国谷裕子《くにやひろこ》さんといった、政権に厳しい姿勢を取ることが多かったキャスターたちが相次いで降板するなど、テレビ局側が政権を刺激することに非常に敏感になっていると感じさせる出来事が次々と起こりました。特にテレビは免許事業ということもあり、総務省が電波停止をちらつかせたりすると、萎縮してしまいがちなところはあります。しかし、こうしたこともまた、マスメディアの弱体化の表れと言えるかもしれません。

国際NGO「国境なき記者団」が行っている「報道の自由度ランキング」で、日本の順位が右肩下がりになっているのは、偶然ではないと思います。二〇一〇年のランキングで、日本は一七八カ国中一一位でしたが、二〇一六年には一八〇カ国中七二位にまで落ちてしまいました。これほど急激に順位が下がった原因として、この間に「特定秘密保護法」が成立したり、テレビ局への圧力問題などがあったりしたことが影響していると思われます。「七二位」というのは、他の国と比較して低すぎるという感覚もありますが、少なくとも、日本の報道の自由度がこの数年で下がっているということ自体は、私自身の体感からしても、確かだと言えるでしょう。

マスメディアが示した底力と可能性

これまで「縮むマスメディア」というテーマで、いろいろと後ろ向きの話を述べてきましたが、最後に希望を持てるような話題にも触れたいと思います。

この数年、マスメディアの底力や可能性を示す調査報道が相次ぎました。

たとえば、タックスヘイブン（租税回避地）の問題を明らかにしたパナマ文書やパラダイス文書など、国際調査報道ジャーナリスト連合（ＩＣＩＪ）による調査報道が大きな注目を集めています。ＩＣＩＪには世界七〇カ国二〇〇人以上の記者が加盟し、日本からは朝日新聞社、共同通信社、ＮＨＫなどが参加していますが、ＩＣＩＪの調査報道の新しさは、ネットをジャーナリズムにうまく活用しているという点です。

パナマ文書もパラダイス文書も、内部告発によって膨大な資料がメディアに渡ったことがきっかけで明るみに出たわけですが、以前であれば、大量の資料をコピーして秘密裏にメディアに渡すことには大きな困難が伴いました。しかし、今はネットを使えば、そうしたことも簡単にできてしまいます。さらに、それだけの膨大な資料を分析・解析するには、一社だけでは到底、力が及びませんから、様々な国の大勢の記者たちが国境を越えて協力する環境が必要とされます。パラダイス文書のケースでは、まず南ドイツ新聞社が大量の内部告発文書を受け取り、その後、ＩＣＩＪが一年近くかけて調査を進めていきました。こうしたやり方は、まさに、今という時代を象徴していると言えるでしょう。

また、内部告発の文書をただネットに上げただけでは、その内容が衝撃的であればあるほど眉唾ものと思われてしまう可能性があり、ここまで大きなインパクトを世の中に与えることはできなかったはずです。ある程度の信頼を得ている既存のマスメディアを通して編集して公開されたからこそ、ショッキングなニュースであっても、人々は真剣に受け止めたのではないかと思います。

一方、従来のパターンの調査報道の底力を示したのは、森友・加計《かけ》学園問題をめぐる報道です。森友学園については、新聞記者たちがおかしな土地取引に疑念を持って丹念に裏を取り、問題を追及する記事を出し続けたことから、大きな注目を集めていきました。最終的に刑事事件になるかどうかはわかりませんが、現政権の体質のおかしさを知らしめるという意味で非常に大きな役割を果たした報道と言えるでしょう。二〇一七年の第三次内閣改造で、河野《こうの》太郎氏や野田聖子氏など安倍首相の「お友だち」ではない人たちが主要閣僚ポストに任命されたり、公文書管理の改善が言われるようになったりしたのも、森友・加計問題報道の影響があったからだと考えられます。

タイプの新旧を問わず、これらの調査報道は、とかく「マスゴミ」などと批判されがちなマスメディアも「どっこい生きている」ということを示してくれたのではないでしょうか。

【対談】

「建前」を言っても届かない

姜　韓国でも、若い世代ほど新聞への信頼度は低くなっていますが、日本との違いは、韓国ではメインストリートの既存の新聞イコール政権そのもの、と見られている点です。その意味で、日本の新聞は韓国の新聞よりもはるかに人々の信頼を得ていると思います。

とはいえ、一色さんの講演を聞きながら、なぜメディアと権力の距離がこんなに近くなったのか、非常に気になりました。おっしゃるように、本来メディアは公平な観察者であり、権力を監視する役割を担っているはずですが、最近は、どうもミイラ取りがミイラになるというか、政権の応援団、あるいは自分自身が当事者になっているように見えます。

一色 朝日新聞の方はまだ「建前」の世界にいて、僕自身も「建前」は大事だと思っています。ただ、「世の中をよくするためには憲法改正が必要なのだからジャーナリズムも政権と一緒に動いていく、それで何が悪い」と思う人が今は大勢いますし、特に若い世代はメディアが政権寄りかどうかということに対して関心が薄いように思います。先ほど「建前」の話をしましたが、「本来、ジャーナリズムとはこうであるべき」という「建前」が、あまり届かない、という感じでしょうか。

姜 そうすると、今回の問題を、「朝日対読売」「朝日対政権」などと矮小化《わいしょうか》して見てはならないということになりますね。

一色 読売新聞の肩を持つわけではありませんが、他にも政権寄りのスタンスを明らかにしている新聞がある中で、読売新聞は、安倍首相が過激な方向に行かないよう、バランスを取っているとも考えられます。たとえば、安倍首相の戦後七〇年談話は、予想に反して比較的穏当な内容でした。また、憲法改正の議論においても、自民党の元々の改正草案では、「陸海空軍その他の戦力は、これを保持しない。国の交戦権は、これを認めない」とする九条第二項を廃止するとなっていたはずですが、結局、第二項を残すことになったのは、そうしたバランスがはたらいた結果かもしれないという想像もできます。

NHKの「忖度《そんたく》」と「反骨」

姜　テレビでは、NHKについてうかがいたいと思います。特に地方に行くと、NHKの信頼度は非常に高いですね。その一方で、最近、NHKの報道番組を観ていると、「なぜこのニュースをこんなに時間をかけて取り上げているのだろう」と首をかしげてしまうことがあります。

一色　NHKの場合は、どの方向からみるかによって、見方が変わってくると思います。たとえば、加計学園問題で「総理のご意向」という文言が記された文書が朝日新聞の一面トップに出ましたが、実はあの文書の存在をニュースにしたのはNHKの方が早いんです。ただ、放送では「総理のご意向」など問題の部分は黒塗りにされていました。そういうところをみると、「ああ、NHKは安倍首相に忖度したな」と思ってしまうわけです。

ただ、あの文書のことをいち早く報道したという点を考えると、また違う面がみえてきます。実は、NHKでニュースになった時点では朝日新聞はまだ完全には裏を取っていなかったようです。ＮＨＫの現場でも、その段階で報道するかどうか、大議論が繰り広げられたでしょうし、それでも報道したというところに、「ＮＨＫにも骨のある記者がいるんだ」と感じますね。

姜　これはＮＨＫだけではありませんが、トランプ大統領が来日したとき、テレビ局はこぞって、「そこまでする必要があるのか」というぐらいの熱量で報道しましたね。同行した娘のイヴァンカさんについては、まるでトランプ王朝の王女様のような、下にも置かない扱いです。私はそのとき海外にいたのですが、「なぜ、日本のメディアはトランプ大統領の来日をあんなに熱狂的に報道するのか」と聞かれて、非常に困りました。

一色　そのことについては、おそらくメディアの問題というより、「何があっても、トランプ政権と仲良くすることが日本にとってベストである」という、安倍政権のスタンスの話だと思います。その一環として、イヴァンカさんをあれだけ厚遇し、それにメディアも乗っかって大騒ぎした、ということではないでしょうか。

つけ加えれば、イヴァンカさんのニュースは、それほど高い視聴率を取れなかったと聞いています。その意味では、「イヴァンカさんのニュースをやれば話題になるだろう」というメディアの目論見《もくろみ》に国民は踊らされなかったということですね。

姜　報道にそういう勢いのようなものがついてしまうと、それだけがすべてになってしまい、多様な視点が許されなくなっていくのは問題だと思います。

今という時代とメディアの危機

姜　一色さんのこれまでの記者人生を顧みて、メディアの危機ということでは、やはり今が一番息苦しいという感じを受けますか。

一色　そうですね。ただ、より正確には「たった今」ということではなく、今に至るまでの流れとして息苦しさが増していると感じます。その原因を求めるならば、結局のところ、マスメディア自体の影響力が全体的に弱くなっていることが一番大きいのではないでしょうか。

姜　「縮むマスメディア」というテーマから話を広げると、実際、日本のGDP（国内総生産）も高度成長期と較《くら》べれば伸び悩んでいるわけで、政府自体も、もう国民全体を相手にできなくなっているということなのだと思います。その流れで、メディアもまた国民を選別して発信していく傾向が出てきているのかどうかが気になります。

一色　メディアが国民を選別しているのかということで言うと、やはりメディアが縮んでいく中では、立ち位置をはっきりさせることでコアな読者を確保するという方向に向かっています。その流れが、メディアの中の亀裂や分断を深めているのは確かでしょう。

姜　もうひとつ、やはり国が暴走し始めたとき、最後にそれを止めるのは何か、ということです。我々の社会の中で、最終的にそれをチェックするのは当然、国民ということになりますが、選挙の結果などを見ても、チェック機能がうまくはたらいているとはあまり思えません。では、国会はどうか、メディアはどうか……と考えていくと、非常に心配になってきます。

一色　これは個人的な印象ですが、たとえば、読売新聞の内部で批判的な意見を持っている人がいても、会社の方針となれば逆らいにくいということもありますし、なおかつ、その方針を肯定するような世の中の空気をみれば、なかなか表立って言うのは難しいのではないかと思います。これは自戒をこめて言うことですが、やはり、健全な批判や反論が機能するということを大切にしていかなければいけないと思います。

【Q&A】

スポンサーの圧力はあるのか

Q　おふたりはよくテレビにも出演されていますが、スポンサーの圧力といわれるようなものは存在するのでしょうか。また、新聞の場合でもどれくらい広告主に配慮しなければならないのか、教えてください。

一色　ニュースの選別の段階でスポンサーの意向が反映されるのかどうかというところまではわかりませんが、少なくとも私がテレビで発言するときに、「これこれのことを言ってくれるな」というようなことは、これまで一度もありません。

姜　私も自分の発言について、テレビ局から何か言われたことはないですね。ただ、番組に対しての抗議がスポンサーに寄せられるというようなことがあれば、テレビ局のプロデューサーとしてはやはり忖度せざるを得ない部分があるのではないかと思います。とはいえ、ネット上のクレーマー的言動というのはごく限られたものだと思いますので、それがフレームワークされて伝わってしまうのは問題です。

一色　私は朝日新聞以外のことはよく知りませんが、新聞の場合、一般的に広告収入は収入全体の二、三割ぐらいです。「広告特集」などのようにはっきりと「広告」とわかっているものは別として、もし一般の記事で広告主の意向に左右されるというようなことがあったとしたら、それこそ読者の信頼を失ってしまうでしょう。「広告をもらっているから、その企業の不祥事を記事にするのはやめよう」というのではなく、逆に不祥事の記事を載せる日には不祥事を起こした企業の広告の方を外すというのが原則です。しかし、経営が非常に苦しいということになってくると、将来的には何が起こるかはわかりません。

ただ、基本的にはメディア側が泣き言を言っては駄目だと思います。たとえば、経団連に加盟するような有力企業は政権と近い関係にあることが多く、政権に批判的なメディアに対して距離を置くかもしれません。しかし、質の高い報道を続けていれば、結果的に、広告を出すメリットがあると判断する企業が出てくるはずだと思います。

姜　新聞は言うまでもなく民間の企業ですが、国の税金で成り立っている国公立大学の場合も、税金で成り立っているからこそ、誰からも拘束を受けないで研究の自由を確保すべきだ、という「建前」が主張できます。現実問題、現在の大学では研究の多くは外部資金によってまかなわれており、その外部資金を提供する企業と連携せざるを得ません。しかし、「学問の自由」という「建前」を守ろうという立場に立てば、たとえば兵器産業と関わるような研究をどうすべきか、という議論も堂々と展開されていくのです。

確かに、「報道の自由」という「建前」は形骸化しているのかもしれません。しかし、だからこそ「建前」を通すことがむしろ大切だという面もあると思います。そうした意味で、メディアとスポンサーは緊張感のある関係を保たなければいけないのではないでしょうか。

第二回　「わかりやすさ」への努力と陥穽《かんせい》

池上　彰

〔いけがみ・あきら〕
ジャーナリスト。一九五〇年生まれ。NHKで、社会部記者やニュースキャスターを歴任。二〇〇五年に退職し、フリーランスのジャーナリストとして各種メディアで活動している。近刊は『わかりやすさの罠　池上流「知る力」の鍛え方』（集英社新書）。

（講義日　二〇一七年一二月五日）

モデレーター／一色　清

【講演】

子どもの頃から「地方記者」になりたかった

本日のテーマは、「『わかりやすさ』への努力と陥穽」です。物事をどうわかりやすく伝えるか。それは、これまでの私の職業人生において、ずっと努力してきたことです。しかし、ここへ来て、いろいろと考えるところや反省するところが出てきました。今日は、そうした私の悩める現実をお話しできればと思っています。

まず私のこれまでの経歴について、ざっとお伝えすることにしましょう。そもそも、私がこういう職業に就いたのは、小学六年生のときに『続　地方記者』という本と出合ったことがきっかけでした。その本は、『地方記者』という、朝日新聞の地方支局で働いている記者たちについてのドキュメントの続編だったのですが、これを家の近くの書店で見つけ、読んでみたら、新聞記者という仕事がとてもおもしろく思えて、「将来は地方で働く新聞記者になりたい」と考えるようになりました。今と違い、私が子どもの頃は、NHKが短いニュースをやっていたぐらいで、民放テレビ局にあまりニュース番組はなく、「報道の仕事＝新聞記者」だったのです。

そんな私がなぜＮＨＫの記者になったかと言えば、大学三年の二月に起きた「浅間山荘事件」のインパクトが非常に強烈だったことです。連合赤軍が逃げ込んだ軽井沢の山荘をテレビが連日中継し、日本中が釘づけになりました。それで、「これからはテレビの記者の時代かもしれない」と、将来の選択肢に「テレビの記者」も入ってきたというわけです。

しかも、ＮＨＫでは新人は必ず地方勤務から仕事が始まりますので、「子どもの頃からの夢をかなえるならＮＨＫだ」と一九七三年七月に行われた就職試験を受け、採用されました。最初の赴任地は島根県の松江放送局です。小さな地方都市ですから、当時は六人の記者で、松江警察署、島根県警察本部、松江地方検察庁、松江地方裁判所、広島高等裁判所松江支部、松江市役所、島根県庁、さらには農協、日銀松江支店を担当するのです。結果的には、この松江時代に、社会の基本的な枠組みを網羅した取材をすることができました。三年後の次の異動先は広島県の呉《くれ》通信部です。ここでは本局である広島放送局からかなり離れた呉市に住み、昼夜休日を問わず、何かあればカメラを持って飛び出していくという生活を送りました。どちらかというと一匹狼《いっぴきおおかみ》のタイプだった私には合った職場でしたが、今はあまりに過酷な労働ということで、この「通信部」という種類の部署はなくなっています。

その後、東京の社会部で警視庁捜査一課と捜査三課の担当となって、一年三六五日の内三六〇日ぐらいは、他社の記者と特ダネ競争をしながら捜査員の家に「夜討ち朝駆け」をするという日々を過ごしました。その後、「遊軍」として記者クラブに所属せず自由に取材先をみつけて原稿を書くという仕事をしたりしていました。「遊軍」ですから、何かあれば駆り出され、地震や台風のような災害が起きた現場に行って中継するということもしました。それから、文部省（当時）の記者クラブに二年間所属し、また「遊軍」に戻って教育問題の取材を続けていたところ、昭和天皇が倒れ、急遽《きゅうきょ》、応援要員として、結局、一一一日間、宮内庁の記者クラブに通い詰めることになりました。「今日の天皇陛下のご容体です。今日も下血がありました」などと毎日中継され、その記者が、「下血記者」と言われてましたが、あれは私だったんですね。

「わかりやすさ」を意識し始めたキャスター時代

昭和から平成に元号が変わった直後から、首都圏向けのニュース番組でキャスターを担当することになりました。

私が「わかりやすく伝える」ということを強く意識するようになったのは、このときからです。それまでは記者として、「とにかく特ダネをとりたい」ということばかり考えて、どうすればわかりやすく伝わるかなんて、まったく思いもしませんでしたし、それどころか、難しい言葉を使うことに酔っていたようなところさえありました。それが突然キャスターになって、それまでのアナウンサーに読んでもらう原稿を書く側から今度は視聴者の代表として他人が書いた原稿を読む立場に変わったわけです。

他の記者が書いた原稿を読んで、「なんてわかりにくいんだろう」と愕然《がくぜん》としました。それと同時に、「こんなにだらだらした文章を一気に読んで、しかも視聴者がなんとなくわかった気になるように読めるＮＨＫのアナウンサーの技術ってすごいな」と感心しましたが、それはつまり、記者たちが書いた下手な原稿をアナウンサーが技術でカバーしていた、ということです。

記者だった私は基礎的なアナウンス技術の訓練を一切受けていませんから、下手な原稿をうまく読むことなどできません。最初困ったのは、記者が書いてきた原稿のままでは、ひとつの文章が長いので息継ぎができず、途中で息が切れてしまうことでした。そこで、「息継ぎができないんだったら、そこで文章を切ってしまおう」と居直ることにし、自分の息継ぎに合わせて文章を短く切っていきました。すると、息継ぎがしやすくなっただけでなく、文章自体がぐっとわかりやすくなったのです。「なるほど、文章を短くするとわかりやすくなるんだな」と気づきました。

ただ、短い文章を連ねていくと、「何とかがありました。そして」などと接続詞を文章と文章の間にはさんだり、「さあ、今日は晴れて大勢の人たちがここに集まっていますが」といった、いわゆる順接の接続助詞「が」を入れたりして、なんとなくつながった気にしたくなります。これが曲者《くせもの》で、文と文の間に「そして」や順接の「が」を入れると、文章のリズムが悪くなってしまうのです。

「そして」や順接の「が」はなくても意味が通じるのですから、一切使わずに読んでみるようにしたところ、物事が論理的に、そして簡潔に、すっと耳に入ってくる、ということがわかりました。「しかし」「だが」など逆接の接続詞であれば、論理的な文章に必須ですが、なくても通じる接続詞は省略した方がわかりやすい。これも、他人の原稿を読むようになって、初めて気づいたことです。

そのうち、首都圏ニュースに加えて夕方六時から一〇分間の全国ニュースも読むことになりました。NHKの記者は夜七時のニュースに向けて原稿を出すことを優先しています。六時のニュースに間に合わせようという意識は薄く、六時ぎりぎりに原稿が入ってくることが多く、番組が始まった時点で私の手元に原稿が一本もない、ということも、よくありました。こういうときは「こんばんは。六時になりました。まず、はじめのニュースです」などとあまり意味のないことを言って時間稼ぎをしていると、最初の原稿を持ったデスクが駆け込んできます。まさにぶっつけ本番で読み始めるのですが、この原稿が本当にわかりにくいのです。しかし、もう放送は始まってしまっていますから、どんなにわかりにくくても直すことはできず、冷や汗をかきながら読むしかありませんでした。

一方で、放送開始前に早めに入ってくる原稿は、当然、下読みをします。そこでわかりにくいとなれば、書き直してもらいます。あるとき経済部の原稿をめぐって、こんなことがありました。原稿を下読みして「わからない」と指摘すると、「わからないのは、おまえがバカだからだ」と経済部の担当者に言い返されたのです。要するに、これが現場の記者の発想なんですね。

確かに私はバカかもしれませんが、わからない人間が読んだニュースが視聴者にわかるわけがありません。ですから、どんなに「バカだ」とやられても、「こんなの、わからない」とひたすら言い続けました。すると次第に「わかりやすい原稿にしないと池上に怒られる」という空気になってきて、しまいには、「このまま池上に渡すと、まずい」と、その場でデスクが書き直しを始めたりするなど、現場も変わっていったのです。

「週刊こどもニュース」で脳みそに汗をかく

よく、「何で『週刊こどもニュース』をやることになったんですか?」と聞かれるのですが、要するに業務命令です。首都圏ニュースのキャスターになって五年が経《た》った頃、報道局長に呼ばれ、「君、すまないが、『週刊こどもニュース』をやってくれないか」と言われました。上司と部下という特別な力関係の中で「やってくれないか」と言われれば、断れません。

実はこのとき、首都圏ニュースのキャスターを降りて記者に戻ってよい、という内諾を得ていたんです。元々私は記者ですから、「とにかく現場に戻してくれ」と言い続けていたので、これで晴れて記者の仕事ができる、と喜んでいました。ところが、「週刊こどもニュース」の立ち上げにあたり、「池上が首都圏ニュースを降りるんだったら、こっちに呼ぼう」という話になって、そのまま一一年間、「週刊こどもニュース」のキャスターをやることになったというわけです。

自分としては記者に戻るつもりでしたから、「こどもニュースをやれ」と言われて、一瞬「えっ」と思ったのですが、話を聞いていくと、放送は一週間に一回なので、NHKが大人向けに伝えたニュースを子どもでもわかるように一週間かけて準備してよい、ということでした。「それなら、今まで時間が足りなくて、やりたくてもできなかった模型や図解を使う説明もできる」と思い直し、改めて「わかりやすさ」に全力で取り組むことにしたのです。もし「こどもニュース」でニュースをわかりやすく伝えることができれば、NHKの他のニュースももっとわかりやすいものにしていけるのではないか、という想《おも》いもありました。

「わかりやすいニュースをやる」と一般論で言っているだけでは、本当にわかりやすくすることはできません。そこで、「こどもニュース」では、小学校高学年、具体的には小学校五年生以上という、明確な対象を定めました。個人差はありますが、抽象的な概念を理解できるようになるのは、小学五年生頃からなのです。

そのとき自分に課したのは、「こどもニュース」といっても、決して子どもだましの解説はしない、ということです。子どもを一人前の人格としてとらえ、難しいニュースであっても、その本質を理解してもらうためにはどうしたらいいだろうかと、ひたすら考える日々が始まりました。

「週刊こどもニュース」の一回目は、「高速増殖炉『もんじゅ』運転開始」を取り上げました。「高速増殖炉」を子どもたちにどう伝えるか、ということになって、「高速」というのは高速中性子のことを説明していけばいいのですが、「増殖」が難しい。いろいろ調べていくと、「炉」の燃料としてウランとプルトニウムを入れると、ウランが途中でプルトニウムに変化して、使用済みの核燃料の中にプルトニウムが増えている、だから「増殖」と言うんだ、ということがわかりました。そこでまず箱をつくってもらい、その中にウランとプルトニウムを入れるとプルトニウムが増えて出てくるという概念図を使って説明することにしたのです。

二回目に取り上げたのは、「ボスニア・ヘルツェゴビナの内戦」です。非常に複雑で、大人でも理解が難しいこのニュースを小学五年生に理解してもらうには、内戦の舞台になっている地域にはセルビア人、クロアチア人などのいろいろな民族がいて、宗教も多様なんだということとをきちんと説明しよう、ということになりました。そこで、まず昔セルビア王国というものがあり、そこをオスマン帝国やハプスブルク帝国が占領して……と、色違いのセロハンを次々に貼っていき、最後にセロハンを縁取る「王国」や「帝国」の枠組みを全部ぱっと取ったら、その色違いのセロハンがあちこちに点々と残る、という図をつくりました。その図を見れば、民族と宗教が入り混じったボスニア・ヘルツェゴビナのイメージが伝わり、今、そこでさまざまな対立が起きているという説明も入りやすくなるというわけです。

毎週毎週、「この難しいニュースの本質をどうやって説明すればいいんだろうか」「どんな模型をつくればいいんだろうか」と、次の放送日までうんうんうなるようにして考え続けました。すぐにアイデアが浮かぶことなど稀《まれ》で、延々と考えても思いつかない、ということがほとんどです。そういうときは、一度あきらめて風呂に入ることにしていました。風呂に入ってリラックスした途端、アイデアがひらめくと、忘れては大変とばかりに、「とりあえず、メモしなければ！」と裸のまま飛び出します。つまり、アルキメデスが入浴中に「アルキメデスの原理」を考えついたのと同じです。物事を考えに考え詰めても行き詰まってしまうというときには、やはり体を動かし、血流をよくすることによって、思わぬアイデアを得るもので、私の場合は風呂に入ることがひらめきのきっかけになっていたということですね。

ただし、「良いアイデアを思いつくには風呂に入ればいいんだな」と間違えてはいけません。

脳みそに汗をかくように考えに考えたからこそ、「何も思いつかない」となっても、外に散歩に出たり、風呂に入ったりするとアイデアがひらめくのです。この「脳みそに汗をかく」というところを忘れて、ただリラックスしているだけでは、良いアイデアなど生まれないでしょう。

「プロ」の視点がニュースをわかりにくくする

「こどもニュース」時代に叩き込まれたのは、伝える側が「そんなの、当たり前だろう」と思うようなごく基本的な知識からていねいに説明することの大切さでした。

たとえば、バブル崩壊後にさまざまな銀行が破綻し、金融危機のニュースが世の中を賑《にぎ》わせていた頃のことです。子どもたちに金融危機の話をすると、「どうして銀行にお金がないの?」と首をかしげています。よくよく聞いていくと、彼らは銀行に預けたお金はそのまま銀行の金庫に大事にしまってあると思っているのです。だから、銀行にお金がなくて取り付け騒ぎが起こるということが理解できない。「そうか、ここから説明しないとわからないんだ」と、まさに目からうろこでした。

そこで、「実は、君たちが預けたお金は、新しい仕事をするためにお金が必要なのにお金が足りないという人たちや会社に貸すということに使われているんだよ。そんなふうにお金を融通するから金融機関と言うんだよ」というところから説明することにしました。そこがわかれば、「お金を貸している会社が潰れてしまうと、貸したお金を返してもらえなくなるということが起きて、銀行にお金がなくなるんだ」とつなげられるわけです。

こうした初歩の初歩からの説明が必要なのは、小学生だけではありません。今、私はいろいろな大学で教えていますが、とある大学で日銀の金融緩和について講義をしていたとき、やはり「自分が預けたお金を銀行はそのまま保管している」と思っている学生がいたのです。そこで、「こどもニュース」の経験を踏まえ、「そもそも金融機関とは……」ということを誰もが知る有名企業を例に説明すると、「そんな大企業がお金を借りるのか」と驚いています。「そうか、大学生でも知らないんだ」と改めて実感しましたが、おそらく大人でも、親族や友人が金融機関に勤めていたり、あるいは資金繰りに苦労したりという経験や知識がなければ、そうした基本的な説明が必要な人は案外、多いのかもしれません。

しかし、テレビ局や新聞社は、そんなふうに「わからない」視聴者や読者がいるとは考えずに、「専門家」の視点だけでニュースを伝えていることも多いように思います。だから、ニュースがわかりにくくなってしまうのです。

たとえば、二〇一七年一一月、千葉県市原市の断層で磁極のNとSが逆転していることがわかり、「チバニアン」と命名されたニュースがありました。そのとき、朝日新聞が当初どう解説したかというと、「地球は大きな磁石だ」と書いているのです。これを読んだ読者は、「えっ、地球は磁石なの？」と驚いたでしょう。しかし、朝日新聞の記者やデスクは、地球は磁石ということぐらい常識だ、という意識でいたのか、記事には「なぜ地球は磁石なのか」という説明がありません。読者にしてみれば、「読んでみたけど、『チバニアン』がなんなのかはどうもよくわからない」と、腑《ふ》に落ちないままになってしまったでしょう。

頭の中にいる「小学生の池上くん」

私の場合、一一年間「週刊こどもニュース」を担当させていただいたおかげで、今でも何か説明しようとすると、頭の中にいる「小学生の池上くん」が「そんなのわからないよ」と突っ込みを入れてくれます。それで「何がわからないか」ということがわかってくるので、それをどうわかってもらうか、工夫することができるのです。

「こどもニュース」では、私が何か模型をつくったり、説明をしたりするときに、その場にいるアルバイトの大学生に、「これでわかるか」と聞いていました。「わかりません」と言われたら、「大学生のくせにわからないのか」ではなく、「大学生にわからないものが小学校五年生にわかるわけない。これは、自分の説明が悪かったんだ」と考えるようにしていました。すると、周囲にいるスタッフも「わからない」と言いやすくなるんですね。

あるとき、スタジオでリハーサルをしていたら、撮影していたカメラマンが「それ、ちょっとわかりにくいな」と言い出しました。そこで、どうすればわかるのか、見せ方や説明の仕方を「こうでもない、ああでもない」とやり直したのですが、「わかりにくいな」と言ったカメラマンが責任を感じて、「こうやったらどうかな」と提案してくれたり、わざわざ倉庫に取りに行かないといけない機材を面倒がらずに持ってきて工夫してくれたりして、結果的に、その場の誰が見ても納得いく説明ができるようになりました。わかりやすくするためには、誰でも「わかりにくい」と言っていい。そういう雰囲気をつくることは、とても大事だと思います。

そんなふうに「こどもニュース」で「わかりやすく」ということを徹底的に追求したのは、子どもたちに世の中のことに興味や関心を持ってほしいという想いがあったからです。今になってみて、「小学生のときに『こどもニュース』を観《み》て、ニュースの世界に入りたいと思い、新聞記者になりました」「海外のことに関心を持って、留学しました」「国際的なNGOで働くようになりました」という人たちに出会うと、「うわーっ、人の人生をこんなにしてしまった。責任重大だ」と思う一方で、素直に嬉《うれ》しいという気持ちがありますね。

ニュース解説で高視聴率を取る

やがて、「週刊こどもニュース」を観た出版社から「ニュースを解説する本を書きませんか」という依頼が来るようになりました。もともと私は記者ですから、テレビに出て恥をかくより原稿を書いている方がずっと楽しいわけです。それで、二〇〇五年にNHKを辞め、五四歳でフリーランスになりました。

キャスター時代にはなかなかできなかった海外取材に出かけているうち、民放から「テレビに出ませんか」と声がかかるようになりました。ただ、自由に取材ができなくなると困るので、当初はレギュラーになる話は皆、断っていたのです。それが、あるとき、テレビ朝日で「学べる!!ニュースショー!」という夜七時台の番組を始めることになったので、ついてはコメンテーターで出てほしい、と頼まれました。「映像を見てコメントしてくれればいい仕事です」「海外取材に行くときは休んでいただいてけっこうです」という条件だったので、「それなら」と受けたんですね。

この番組の仕立ては、古今東西、さまざまな大きな災害や事故が起きたときに、どうやって助かることができたかという再現映像を流し、それについて私がコメントするというものでした。けれども、大きな事件や事故で人々が生き延びた話など、そうはありません。そのうちネタがなくなってきて、お取り寄せグルメとかペット大集合とかをやり始めたので、「ニュースを解説する仕事だから受けたのであって、こんなことをやるなら意味がありませんから辞めさせてもらいます」と、レギュラーを降りることにしました。

すると、上層部で「池上を呼び戻せ」ということになったらしく、「ニュースを解説する番組にしますから、戻ってきてください」と、スタッフがやってきました。「それなら、ぴったりのニュースがありますよ」と提案したのは、当時、ニュースで頻繁に取り上げられていたイランの大統領選挙です。ちょうどそのとき、アフマディネジャド大統領の再選をめぐって、イランの学生たちが猛反発をし、大混乱が生じていました。しかし、スタッフは「ゴールデンの時間帯にイランのニュースなんて、家庭の主婦は観ませんよ」と、まったく乗ってきません。

私はむっとして、「いや、そうじゃない」と反論しました。「NHKの夜七時のニュースはイランの大統領選挙の混乱をずっと報道しているけれども、イランがどんな国かということをまったくやっていない。イランという国では、確かに大統領は選挙で選べる。でもその上に『最高指導者』という宗教指導者がいて、これを国民が選べないという体制がある。そういうことを説明するだけで、みんな観てくれるんだ」と説得しました。

後で聞いたところによると、お取り寄せグルメやペット大集合で視聴率がかなり下がっていたので、その時点で番組の打ち切りが決まっていたのだそうです。それで、「どうせ観てもらえないだろうけど、もうやぶれかぶれだ」と、結局オーケーになったのですが、このイランについて解説した番組が、前の週の倍、具体的には一二％の視聴率を取りました。

途端に、手のひらを返したように「何でもやりましょう！」ということになり、次に取り上げたのは中東問題です。そもそも中東問題とは何かということを、第一次世界大戦時のイギリスの三枚舌外交の話からていねいに解説したところ、さらに視聴率が上がりました。とはいえ、番組の打ち切り自体は既に決まっていましたから、あっというまに最終回です。このときのテーマは沖縄の基地問題でしたが、視聴率が一四%を超えました。最後に番組終了のお知らせをしたところ、「何でこの番組を終わりにするんだ」と抗議電話が五〇〇本かかってきたそうです。

そこで改めて、「池上彰の学べるニュース」という新番組を始めることになりました。二〇一〇年五月のゴールデンウィークに放送された回は、三時間番組の平均視聴率がなんと二二%を超えました。テレビ番組は一分刻みで視聴率が出るのですが、その日の最高視聴率を取ったのは、「原爆にはウラン濃縮型とプルトニウム型がある」と説明していたときです。

それでも、「ゴールデンの時間帯に難しい国際情勢なんてやっても誰も観てくれない」というテレビ局の人たちの思い込みはなかなか抜けず、私は「ちゃんとわかるような番組にすれば、みんな喜んで観てくれるはずだ」と力説して、とにかく毎週のようにややこしい国際情勢や政治ニュースを取り上げていきました。おかげさまで、番組の視聴率は常に高水準を維持でき、次第に「ニュースをわかりやすく解説すれば大勢の視聴者に観てもらえる」ということが明らかになっていったのです。

振り返ってみると、私の番組は、テレビのニュースの世界にある種の風穴を開けたと言えるかもしれません。今、テレビ欄を見ると、ゴールデンの時間帯にニュースをわかりやすく解説する教養番組が並んでいます。これは世界的に見て、非常に珍しい現象だと思います。ケーブルテレビでニュースや教養番組専門のチャンネルというものはあっても、地上波でこれだけ教養やニュースをきちんと取り上げる番組を放送している国はほとんどないはずです。

「わかりやすさ」への疑問

問題はここからです。

「わからないのはおまえがバカだからだ」あるいは「どうせニュースなんか観ませんよ」というテレビの作り手たちに対して、私は「とにかくわかりやすくすることが一番だ」と言い続け、「わかりやすい」番組をつくってきました。その結果、「わかりやすいニュースというものがあるんだ」ということが、多くの人に理解されるようになったと思います。そこまではよかったとして、それで視聴率が取れるとなると、我も我もとばかりに、似たような番組が次々に出てきます。

「わかりやすくする」ことを言い続けてきた立場からすると、「これで、わかりやすい、ということにしてしまっていいのか……」と、非常に不本意に感じてしまう番組も増えてきました。

たとえば、タレントさんにおもしろおかしくニュースを解説させるような番組などを一視聴者として観ることもあるのですが、「おもしろいけど、本質はそこじゃないよ」「あれ、大事なところを随分、はしょっているなあ」などと、ツッコミを入れたくなったりします。

本当に「わかりやすくする」ためには、ただおもしろおかしくしたり、目立つところだけ抜き出したりすればすむというわけにはいきません。私はよく「ざっくり言うと」という表現を使うのですが、複雑な問題について「ざっくり言う」ためには、その問題の本質は何か、多くのことを知った上で、それらをきちんとかみ砕き、理解しているということが大事なのです。

たとえば「今、何について勉強(研究)しているのですか」という質問に対する大学の学部生と大学院生とベテラン教授の研究分野の解説を比べてみると、「ざっくり言う」とはどういうことか、わかりやすいのではないかと思います。まず、学部生のレベルでは勉強していることの入り口にあたる部分しか学んでいませんから、ただなんとなくわかった気になっているだけです。「こういうことを勉強しています」という答えがシンプルでわかりやすかったとしても、それが本質を表しているかとなると疑問でしょう。

一方、大学院生になると、より深く学び、それこそあらゆることを勉強します。しかし、全部大事だから全部言わなければいけないと思ってしまうので、一般の人が聞いてわかりやすい説明にはなりません。

それがベテラン教授になると、研究分野の全体がわかった上で、まず言わなければいけないことはこれ、次に大事なことはこれで、この後の部分は時間がなかったら言わなくてもいいということまで把握できています。ですから、「ざっくり言うと、こういうことです」と、本質をズバリと言えるようになりますし、聞いている方も「なるほど、わかりやすい」と膝を打つわけです。

ニュースを「わかりやすく」解説するときには、そのベテラン教授の域に達していなければなりません。しかし、「ベテラン教授並み」の番組が、今、どれだけあるかと考えると、どうも本質をかみ砕くための努力や手間を惜しんでいるのではないか、と心配になってきてしまうのです。

「池上解説」で満足してほしくない

そして、もうひとつ、さらに「困ったな」と思っていることがあります。

たとえば、私の番組を観て、「ああ、なるほどね」と、わかった気になってしまう人がいます。けれども、番組ですべてをきちんと説明しているかと言えば、そこが難しいところで、時間的制約もあり、「今回はここを重点的に伝えたいから、この部分は切らないといけないな」と、本来ならちゃんと取り上げたくても省略せざるを得ないことも多いのです。少しでも時間があれば、「こういう要素もありますよ」と入れるようにはしていますが、なかなか事情が許さない、という場合も少なくありません。ですから、私の番組を観てそこで「もう全部わかったよ」と満足してしまうのではなく、さらにその先へ進んで、自分で調べたり、考えたりしてほしいのです。

「週刊こどもニュース」をNHKの英語学習番組にたとえると「こどもニュース」は言ってみれば当時の入門編の「基礎英語」で、もっとレベルが高い「英会話」や「ビジネス英語」は夜七時や九時のニュースであり、その間をつなぐような「続基礎英語」的ニュース番組が必要だ、と考えていました。NHKにいた間は実現できませんでしたが、今、私が民放でやっているのは、まさにその「続基礎英語」の役割と言えます。つまり私の番組は、「英会話」「ビジネス英語」に相当するニュース番組を観たときに自分なりに考えるための導入編、という位置づけでやっているのです。

時々、町で声をかけられて、「池上さんの番組をきっかけに本を読むようになりました」「ニュースに関心を持つようになって、いろいろなニュースを調べるようになりました」と言われることがあります。「これこそ、自分がやりたかったことだ」と、本当に嬉しくなります。テレビだけではなく、私が書いている本も同じで、これはあくまで導入であり、とりあえずこういうことだとわかったら、その先の、もう少し歯ごたえのあるものを読んでほしいと思っています。

「わかりやすさ」が危険になるとき

本来は活字好きの人間である私は、「いつも池上さんの本を読んでいます」と言われるのが一番嬉しいんです。逆に、「テレビ、いつも観ています。本も書いているんですね」と言われると、ついむっとしてしまいます。そんな私がテレビに出続けているのは、人々にちゃんとニュースを理解してほしい、そして、それを「自分の頭で考える」ことにつなげてほしいと考えているからです。

以前、番組の中で、ゲストのタレントさんから「池上さんはどう考えるんですか。池上さんの考え方が正しいと思いますから、それに従います」と言われて、「そういう考え方が一番いけないんですよ」と、怒ったことがあります。

そもそも、私は自分の意見をテレビで主張することはありません。NHKで「とにかく自分の意見を言ってはいけない」と育てられた意識が今も残っているということもありますし、また自分の言葉が思わぬ影響を世の中に与えてしまうという経験もしたので、言いたいことがあっても、表に出さないようにしています。さらに言うなら、健全な民主主義のためには、ひとりひとりがそれぞれ自分の頭で考え、判断することが不可欠です。ですから、自分で考えるということをせず、「池上さんが、そう言っているから」と、安易に従ってほしくないのです。

今の世の中では、たとえば憲法改正ひとつとっても、本当にいろいろな意見があります。これから私たちがこれらの難しい問題について考えたり判断したりしなければいけないというとき、私の仕事も含めたメディアの役割は、その「自分の頭で考える」ためのきちんとした材料を提供することに他なりません。自分の意見を言わない私ですが、報道の自由が危うくなりそうだということがあれば、報道に携わる者として言うべきことを言います。報道の自由の下、メディアがさまざまな情報を伝えることにより、そこから先は自分で考えるということが可能になるからです。

言論の多様性という意味で、特定の主張をする書籍や雑誌があるのはいいことだと思います。ただ、その一方で、不特定多数の人々に情報を伝えるテレビや新聞は、言ってみれば社会の知的インフラを支える存在です。ある特定の思想を持った人たちばかりを並べて読者を誘導するようなことをやっている新聞もありますが、やはり、いろいろな情報を提供し、それを読んだ読者が「自分はどう考えるのか」と思考をめぐらすような営みを促す機能が大切なのではないかと思います。最近の新聞では、多様な意見を紹介するフォーラム機能が充実してきましたが、これなどは大変良い試みでしょう。

わかりやすくすれば、それで満足してしまう、ということは大変危険であり、それではいけないのだということを、声を大にして言いたいと思います。では、その危険を防ぐためにはこれから何ができるのかということを今、模索しているところです。たとえば、番組で説明をした上で、「さあ、ここから先は皆さん考えてください」と投げかけたり、あるいは、出演しているゲストのタレントさんたちにその場で考えてもらったりするなど、いろいろなやり方ができるのではないかと思います。

これまで、私は、いわばニュースを咀嚼《そしゃく》する力がまだ十分でない人でも味わえるような柔らかい番組をつくってきたわけですが、それだけを食べていたのでは、やはり歯や顎が発達しません。わかりやすい、「柔らかい番組」で満足させてきた自分自身への忸怩《じくじ》たる想いもありつつ、これからはもっと歯ごたえのある番組もやっていきたいと思っています。

【Q&A】

「わかりやすさの陥穽」に陥らないようにするには

Q　安易な「わかりやすさ」が歓迎される今日の日本の状況を考えると、不安になります。池上さんが言う「わかりやすさの陥穽」に陥らないようにするには、どうすればいいのでしょうか。

池上　ひとつには、過去の歴史を学び、反省している人たちがまだいる、ということが大切ではないかと思います。たとえば、戦争中、メディアは戦意高揚を盛んに煽《あお》り、子どもたちが読む絵本や雑誌にさえ、勇ましい兵隊の絵を載せて「君たちは良き兵士となって戦え」と先導しました。こうしたことが二度とあってはいけないと思う人たちが、何か不穏な出来事が起きると心配の声を挙げています。そういう人たちの存在が、いわば、ある種の歯止めになっているのではないでしょうか。

歯止めということでは、不当な圧力に屈せず社会のために行動するということも重要です。最近、スポンサーに圧力をかけて気に入らないメディアを潰そう、という言説が目立ちます。確かに、新聞も雑誌もスポンサーがつかなければ商売が立ち行きませんから、こうした言説がまかり通れば、現代社会における最大の言論の危機を招くことになるでしょう。

ただ、以前はスポンサー側も「なぜあんなところに広告を出すんだ」といった攻撃に怯《おび》えたりしていましたが、最近は、そんなものにまったく左右されずに広告を出す企業も出てきています。つまり、そうした企業の営業や広告担当に心ある人たちがいる、ということです。もちろん、彼らは自分たちの企業の宣伝のために広告を出しているわけですが、そのことで日本の言論を維持できている、それが今の社会を支えるために大事であるという自覚を持っている人たちがあちこちにいるというのは心強いな、と思います。

また、テレビという、ありのままを映し出してしまうメディアもなかなか侮れません。ヒトラーは自分が映画に映されるときには下からあおって撮影させ、大きく見えるように演出していましたが、もしあの時代にテレビがあり、ヒトラーが実は貧相な小男だったということが映し出されていたら、ドイツ国民もあれほど熱狂しなかったのではないでしょうか。

今であれば、たとえばテレビの選挙特番で私の質問に安倍さんの顔の表情が変わったりする様子を視聴者は目の当たりにするわけです。私は安倍さんと「お友だち」になりたいとは思っていませんから、嫌われてもいいので、ずけずけと聞きたいことを聞きます。それに対する生の反応を知ることができるという意味で、テレビも一種の歯止めになっている部分があるのではないでしょうか。

より深い知識を得るために何をすればいいか

Q　池上さんの番組を観て、もっと深く知りたいと思い、池上さんがお書きになった本も読んでみました。その中に、「大学で勉強の仕方を学ぶことができた」というような記述があったのですが、池上さんが何か新しい分野について深く知りたいというとき、どんなふうにして学ばれるのでしょうか。

池上　私の場合、新しいことへの興味の入り口となるのは新聞です。今回「本と新聞の大学」に招いていただいたわけですが、私は毎日一三紙の新聞に目を通しています。「うちの新聞も読んでください」と送られてくる地方紙や連載している小学生新聞などで、いつのまにか増えてしまいました。

新聞を読んでいて何かひっかかる記事があると、書店に行って、関連する本を根こそぎ買ってきて、片っ端から読んでいきます。そうやって読んでいくうちに、その分野の種本、つまり基本的なテキストが何かがだんだんわかってくるので、それを徹底的に読み込んで勉強します。

聞くところによれば、立花隆《たかし》さんもまったく同じやり方をやっているそうです。

ネットには大量の無料の情報があふれていますが、要するに金を惜しんではいけないということですね。ただで手に入るものは誰でも見ることができるのですから、それでは他人と差をつけることができません。

日々の新聞はフロー、いわば流れていくニュースです。そこから興味を持って自分で本を読んで得た知識がストックになっていきます。一度ストックになると、新聞記事の見出しをぱっと見るだけで、「あの話がその後、こうなったんだ」と、経緯をたどれるようになります。私の場合、そうやってフローのニュースでひっかかってきたことをひとつひとつストックとして築いてきたので、毎日大量の新聞に目を通していても、一々精読せずにすんでいるのです。

もうひとつ、アウトプットを常に意識してインプットをする、ということを大切にしています。勉強していて「あっ、よくわかった」と思ったのに、いざ説明しようとするとうまくいかない、ということがありますね。「わかった！」と思うことと、人に説明できるほどよくわかったということの間には、いわば深くて暗い川が流れています。

受験勉強で気の合った仲間同士で教え合うと、よく理解できたりします。要するにそれと同じです。私の場合、テレビで説明したり、新聞に解説を書いたりしなければいけないので、「さあ、これをどうやって説明すればいいのかな」という問題意識を持つことが、効果的なインプットにつながっているのだと言えるでしょう。

第三回　メディアと権力

青木　理

〔あおき・おさむ〕

ジャーナリスト・ノンフィクションライター。一九六六年生まれ。大学卒業後、共同通信社入社。東京社会部で警視庁警備・公安担当などを歴任。オウム真理教事件や阪神・淡路大震災、種々の公安事件や経済事件の取材に携わる。社会部在籍中に発表した『日本の公安警察』（講談社現代新書）はベストセラーとなり大きな話題を呼んだ。二〇〇六年に退社しフリーで活動。

（講義日　二〇一七年一二月一九日）

モデレーター／姜尚中

崩れた新聞社の矜持《きょうじ》

今日のテーマ「メディアと権力」に深く関わる話題として、まずは一本の新聞記事についての話からはじめたいと思います。二〇一七年五月二二日、「読売新聞」の朝刊社会面に掲載された、元文部科学事務次官の前川喜平氏が新宿の出会い系バーに通っていた、という記事です。連載マンガ「コボちゃん」の脇に「前川前次官　出会い系バー通い——文科省在職中、平日夜」という見出しで報じられたこの〝特ダネ〟を見た瞬間、僕は心の底から唖然《あぜん》としました。それなりに長く新聞業界に関わってきた者として、まったくあり得ない記事だったからです。この時点で前川氏は文科省天下り問題の責任を取って事務次官を辞任していましたし、記事をいくら読んでも、前川氏が出会い系バーに通っていたことに違法性などは微塵《みじん》も見出《みいだ》せません。売買春をしていたわけでも、未成年との不適切行為があったわけでもない。公務との関係もない。ならば、あくまでもプライベートに属する事柄です。

通常であれば、少なくとも一般紙では、こんなものはネタにならないはずなのです。かつて僕が所属した通信社の社会部でこんな記事をデスクに出せば、「これのどこがニュースなの？」

と一蹴され、場合によっては「こんなもの出稿できるわけないだろう」と一喝されて終わりだったでしょう。

というのも一般の新聞社や通信社には、いわゆる「下半身ネタ」はやらない、という暗黙の了解があります。不倫しているとか、愛人がいるとか、あるいはふらちな性癖を持っているとか、そういう話題は週刊誌や夕刊紙がやっても、一般紙は踏み込まない。それは新聞社の一種の矜持のようなものだと思います。これはもちろんどちらが良いとか悪いとかという問題ではなく、権力者や公職にある者の人間性を浮き彫りにするためには積極的に書くべきだ、という考え方もあるでしょう。ただ、少なくとも一般紙はそういうことに踏み込まないという決まりごとというか、伝統のようなものが受け継がれて現在に至っているわけです。それは新聞の良識でもあり、限界とも言えるのかもしれませんが、件《くだん》の読売新聞の記事は、その矩《のり》を完全に飛び越えてしまっていました。

官邸は情報をつかんでいた

では、読売新聞はなぜ、あのような記事を載せたのでしょうか。僕は記事を見たとき唖然としつつ、しかし理由や背景はすぐにピンときました。

読売の記事が出たのはどういうタイミングだったか、あらためて振り返ってみましょう。

この五日前の二〇一七年五月一七日、学校法人・加計《かけ》学園の獣医学部新設は「総理のご意向」だと内閣府から迫られていたことを示す文科省の内部文書が明らかになりました。みなさんご記憶の通り、朝日新聞による報道で発覚したのです。あらためて説明するまでもなく、加計学園の理事長・加計孝太郎氏は首相自身も「腹心の友」だと公言する人物であり、この「総理のご意向」文書は、首相の「お友だち」に便宜を図るため、抵抗する文科省に内閣府が圧力をかけたのではないか、という疑念を浮き彫りにする文字通りの特ダネでした。

報道の直後に官邸では、官房長官がこの文書を公然と「怪文書」扱いしましたが、間もなく前川氏が真相を実名告発するとの情報がメディア関係者の間を駆けめぐりました。前川氏は、文書が作成された当時の文科省の事務方トップですから、彼が文書を「本物だ」と証言すれば、政権は計り知れないダメージを被ることになります。実際に朝日の報道から約一週間後の五月二五日、この日発売の「週刊文春」と朝日新聞の朝刊が前川氏の告発インタビューを同時に掲載し、加計学園問題は政権を揺るがす一大政治疑惑に発展したわけです。

まさにそうした動きの渦中、前川氏の出会い系バー通いという前代未聞の記事が読売新聞に掲載されたのです。この記事がどのような作用を及ぼすか、語るまでもないでしょう。前川氏個人に対しては激烈な恫喝《どうかつ》であり、社会やメディアに対しては前川氏の証言など信頼するに値しない——そんな強烈無比な政治的メッセージ、端的に言えば、告発潰しです。前川氏の告発が潰されることで誰が得をするかも明白でしょう。

となると、前川氏の職務時間外のプライベートな行動をいったい誰が把握し、その情報を誰が読売新聞に伝えたのか、という疑問が湧きます。もちろん取材源の秘匿はジャーナリストの最大の約束事ですから、読売新聞が情報源を明かすことはないでしょう。ですから、ここから先は推測になります。ただし、いくつかのファクトに基づく確度の高い推測だと僕は考えます。

矩を越えた記事の背後に

ひとつめのファクトは、前川氏自身の証言です。前川氏は文科事務次官に就任後、杉田和《かず》博《ひろ》・官房副長官から官邸に呼ばれ、「あなたは新宿の出会い系バーに行っていますね」と問われたそうです。読売新聞の報道の一年近くも前の話です。まったくプライベートな行動をなぜ官房副長官が把握しているのか、前川氏は大層驚いたそうです。

ちなみに官邸には、官房副長官が三人います。うち二人は政治任用で政治家が就き、残る一人は官僚出身者ですが、この事務担当の官房副長官が官邸と各省庁の調整役などを担い、つまりは霞が関を睥睨《へいげい》する官僚トップのポジションになります。ここでまた重要なファクトとなるのが、杉田官房副長官の出身省庁が警察庁だという点です。

いくら中央省庁の最高幹部とはいえ、勤務時間外のプライベートな行動を把握するなどというのは、そう簡単にできることではありません。ただ杉田官房副長官はもともと、警察庁の中でも公安部門の要職を歴任してきたキャリア警察官僚です。つまり、警察の一部門である公安警察と太いパイプを持ち、その情報を吸い上げることができる。実際に公安警察は、そうした情報収集活動をこれまでも営々と行ってきました。

僕も一九九〇年代に通信社の記者として公安警察を担当しましたが、彼らの理屈としては、これは一種の〝リスクヘッジ〟であり、たとえば共産主義国家のシンパや協力者が中枢官庁の幹部に就くのはマズいと考え、相当に広範な情報収集活動を繰り広げています。そうした公安警察の情報収集の過程で前川氏のプライベートな動静が把握され、杉田官房副長官のもとに情報が吸い上げられた――そう考えるのが自然でしょう。当初はおそらく事務次官就任時の〝身体検査〟に関する情報として扱われ、それが加計学園をめぐる告発直前になって告発潰しのネタに流用されたのではないか――。

メディアで横行する忖度《そんたく》

もう一点、あの読売新聞の記事が各本社発行の紙面で、まったく同じ扱いで掲載されたのはなぜか。全国紙はいずれも同じような体制をとっていますが、本社は東京以外にも大阪、西部（福岡）などに置かれ、国際面などはほぼ共通の紙面を掲載しても、社会面などはそれぞれの地域の読者を意識した紙面作りをしています。ですから、どの本社が発行する紙面でも「コボちゃん」の脇に同じ大きさ、同じ見出しで掲載されるのは珍しいのです。これは読売新聞の中枢が各本社に指令を発した可能性が高いことを示唆しています。

こうしたいくつものファクトをつないでいくと、件の記事の狙いが明確な輪郭を伴って浮かびあがってきます。前川氏が「総理のご意向」文書が真正なものであると実名告発し、政権に真っ向から反旗を翻す可能性が高まったさなか、かねて官房副長官がつかんでいた情報が読売新聞に大々的に掲載された。その狙いはもう繰り返す必要はないでしょう。

それにしても、ああいう記事を書かされた記者は、いったいどのような心境だったのでしょうか。政治臭が露骨な記事を嫌々書かされたのか、自ら進んで嬉々《きき》として書いたのか、それとも深慮もなく命じられるままに書いたのか……。いずれにしても、同じ組織記者の経験者として、暗澹《あんたん》たる思いになります。

メディア業界でそれなりの期間、禄《ろく》を食《は》んできた僕は、読売新聞にもたくさん知人や友人がいますし、優秀で志ある記者がいることも知っています。特にかつての読売社会部と言えば、事件取材にはめっぽう強く、紙面作りもどちらかと言えば庶民目線を貫いていました。大阪本社の社会部はとりわけその傾向が強く、社会部報道こそが読売の看板とされる時代があったのです。

ところが、現在も読売新聞グループ本社の代表取締役主筆として君臨する渡邉恒雄《わたなべつねお》氏が権力を掌握していく過程で、従来の読売社会部の庶民性、反骨性がほぼ根絶やしにされてしまいました。このあたりの経緯については、僕の先輩記者でもある魚住昭《うおずみあきら》さんが書いた渡邉氏の評伝『渡邉恒雄　メディアと権力』(講談社文庫)に詳しく描かれていますから、機会があればぜひ読んでみるといいと思います。

ただ、国家であれ、企業や各種の団体であれ、ひとたび独裁的なリーダーに組織を牛耳られると、周辺ではその意向を忖度して動く連中が現れるものです。おそらくは読売の社内でも同様のことが起こったのではないでしょうか。

現在の読売新聞グループ本社兼東京本社の社長は社会部出身ですが、これは旧来の新聞社の人事としては異例です。新聞社で出世するのは政界や財界とのパイプを持つ政治部や経済部の出身者が一般的で、実際に全国紙の社長はこれまで政治部や経済部の出身者によって占められ、社会部出身者がトップに就くというのは少し前までは考えられないことだったのです。

偶然にもいまは朝日新聞も毎日新聞も社会部出身者が経営トップの座に就いています。これはまさに偶然で、両社にはそれぞれ別の理由があるのですが、読売の場合は事情が少々異なります。これは渡邉氏による体制を庇護《ひご》してきたのが社会部系の記者だったためでしょう。良かれ悪《あ》しかれ政界とのパイプ役で渡邉氏に比肩する政治記者などいませんから、たとえば裁判対策としての法務担当や広報担当などとして社会部出身者が重用され、読売の上層部で勢力を伸ばしていったことを指し示しています。本来は権力監視の最前線に立つべき社会部記者が、自社の独裁体制を庇護する役割を担っているのですから、これも暗澹たる思いを禁じえません。

一線を引けない記者たち

そもそも情報というものは、たいていの場合、権力を持つ者のもとに多く集まります。情報こそが権力の源泉になるからです。

一方、ジャーナリストや記者の使命は情報を取ることですから、情報を握っている権力者の懐に飛び込む必要があります。そうした取材手法は近年、「アクセス・ジャーナリズム」——つまりは権力接近型の取材手法としてしばしば批判され、その批判にはうなずけるところも多いのですが、現実には取材相手の懐に飛び込まないと取れない情報があるのも否定できないわけです。

ただ、こうたとえると少し語弊はありますが、懐に飛び込んでも抱きこまれてしまっては本末転倒です。懐に飛び込みつつ、あくまでも取材対象を客観視し、いかにして批判精神を堅持するか、この一線を引くのが非常に難しい。メディア界を眺めてみると、一線を引くどころか、まるで政治権力の代弁者のような言動を繰り返す政治記者や御用ジャーナリストがうようよしているのも現実です。

僕自身は政治ジャーナリストではありませんが、知り合いの政治記者たちの話を聞くと、いま政治取材をするのは大変だと痛感させられます。かつてのように与党内でも派閥同士がしのぎを削っていた時代であれば、一方の派閥との肌合いが合わなくても、別の派閥に食い込んでネタを取ればいいとか、政治記者もそれなりに多様な取材、多様な生き方ができたでしょう。ひとつの権力とぶつかっても、別の権力から情報を取るといった一種のゲリラ戦が可能だったように思うのです。

ところが現在のような「一強」状態が続くと、もはや主要なネタ元は官邸一択に近くなってしまう。しかも相当に質の低い無知で無謀な政権に抱きこまれ、気に入られなければネタが取れず、距離を置く記者たちは干されてしまう。しかも、たとえば読売新聞などの場合、政権の主と最も太いパイプでつながっているのがトップなのですから、現場の記者たちはお気の毒としか言いようがありません。

メディアの萎縮

政治権力が持っている情報のパワーというものは圧倒的で、一社だけ「特オチ」させることなど、いくらでもできてしまいます。

多くの方がご存じかもしれませんが、特オチというのは新聞業界のジャーゴン（業界用語）で、すべての他紙が書いているネタを自社だけが知らず、掲載できずに落としてしまうという、これは新聞記者にとって最大の悪夢のひとつです。組織記者であればそういう事態は何としても避けたいと躍起になり、情報をもらうためには政権や当局の顔色を常にうかがい、時にはひれ伏してしまうわけです。

しかも日本の場合、新聞社がテレビ局も系列化していますから、テレビも系列新聞の意向や論調に追随する傾向があります。また、新聞社の場合であれば軽減税率であるとか、テレビ局の場合であれば放送免許であるとか、経営や法制面で政権や与党から弱みを突かれるようなことがあれば、萎縮ムードがさらに蔓延《まんえん》しがちです。

実際に現政権はそうした権力の放埒《ほうらつ》な行使をためらわず、選挙のたびに「公正公平な報道」を求める文書をテレビ局に送りつけたり、何か不祥事があれば局幹部を呼びつけたり、時には「電波停止」の可能性に言及してみたり、御用メディアや御用記者の単独インタビューには次々と応じたり、NHKのトップにお友達を送り込んだり、過去の政権とは次元の違う乱暴な言動を平然と取りますから、メディア側にはますます萎縮ムードが広がってしまう。情けない話ですが、それが現実でもあります。

まあ、こうして悲観的な話はいくらでもできるのですが、わずかでも希望的なことを申し上げるのであれば、現在のメディアも権力に抱きこまれてばかりいるわけではない、という点でしょうか。

最近の例で言えば、森友、加計学園問題は政権の体質をかなり浮き彫りにし、それは朝日新聞や共同通信、ＮＨＫなどの果敢な報道によって深層が明るみに出てきたわけです。特に森友学園問題をめぐる公文書改竄《かいざん》、加計学園問題をめぐる「総理のご意向」文書の発掘など、朝日新聞が果たした役割は大きかったと思います。少し前に慰安婦報道問題をめぐって猛バッシングにさらされ、その背後に政権や政権の支持勢力の影がちらついていたことを思えば、これは高く評価するべきでしょう。

特ダネを封印したＮＨＫ

実は、その加計学園の「総理のご意向」文書をめぐる報道で当初、朝日新聞とともに最も先行していたのはＮＨＫだったようなんですね。文書を入手し、その裏づけ取材に走り、そして朝日新聞と週刊文春のスクープとなった前川氏へのインタビュー取材も、ＮＨＫは実現にこぎつけていました。先ほど申し上げた通り、まさに出会い系バー通いの記事が読売に掲載され、いわば水面下で一番緊張が走っていた頃のことです。ところが結局、前川氏のインタビューは朝日と文春だけが同時掲載し、ＮＨＫはいまに至っても報道していないのです。誰がどう考えても圧倒的な特ダネを封印してしまうのは、これはメディアとして信じがたい異常事態です。

また、例の「総理のご意向」文書も、最初に報じたのはＮＨＫだったのです。朝日が一面トップの特ダネとして報じた二〇一七年五月一七日の前日、ＮＨＫは夜のニュースで文書の映像をちらりとオンエアしていました。ところが本当にちらりと映しただけだった上、最も肝心な部分を隠した状態だったため、関係者にはそれと分かっても、一般視聴者にはその重要性は一切分からなかったでしょう。これを見て朝日は「ＮＨＫも文書を持っている」と確信し、翌日の朝刊に慌てて記事を突っ込んだのです。そうして「総理のご意向」文書は朝日の特ダネになりました。

おそらくＮＨＫ内部では激しいせめぎ合いがあったのでしょう。政権から直接横やりが入ったのか、その意向を忖度したのかは知りませんが、社会部系の記者たちは加計学園と政権の疑惑を追及しようと熱心に取材し、政治部系の連中がそれを躍起になって潰しにかかったのかもしれません。

いずれにせよ、そうして「総理のご意向」文書は朝日のスクープになり、前川氏へのスクープインタビューもＮＨＫは封印してしまった。取材した記者たちは、悔しかったでしょう。あれだけ大きな組織ですから、ＮＨＫの内部でさまざまな葛藤が起きても不思議ではありませんが、受信料で成り立つ公共放送でこれだけ異常な事態が起きたのですから、その内実は本来、

ＮＨＫ自らがきちんと明らかにすべきなのです。

弱い司法とメディアの責任

メディア最大の責務は権力の監視にあるわけですが、日本ではそれ以前の問題として、三権による相互チェックが極めて脆弱《ぜいじゃく》なのも問題です。トランプ政権下のアメリカでは、ＦＢＩ（連邦捜査局）長官が原理原則に従って政権に敢然と歯向かうようなことが普通に行われるのに対し、日本で司法が行政に正面から否を突きつけたり、捜査当局が政権に斬り込んでいくといった光景は近年、ほとんど目にすることがありません。

たとえば二〇一七年一二月、四国電力の伊方《いかた》原発三号機（愛媛県西宇和郡伊方町）の運転停止命令を広島高裁が決定しましたが、真っ当な裁判長もいるものだと思って調べてみると、定年を間近にしての判断だったようです。つまり、この国の司法は、裁判官がそういう立場にでもならなければ、なかなか真っ当な判断を下せないということでしょう。

余談ですが、それ以外にも日本の司法――特に刑事司法には、先進民主主義国としてはあり得ない悪弊がいくつも残存したまま放置されています。森友学園問題では、二〇一七年七月に学園の籠池泰典《やすのり》前理事長夫妻が補助金詐欺容疑で大阪地検特捜部に逮捕され、約一〇カ月にもわたって勾留されてしまいましたが、これも本来は相当に異常なことです。首相は直後の総選挙期間中に報道番組内で行われた党首討論で「あの人は詐欺をするような人だから妻がだまされた」などと言い放ちましたが、あの時点で籠池夫妻はまだ逮捕・起訴されただけであって、推定無罪の原則下に置かれた未決の刑事被告人にすぎません。なのに行政府の長が「詐欺をするような人」などと断定するのは論外であり、基本的人権や司法権に対する重大な挑戦、挑発です。しかし、そのことは大して問題視もされていません。

さらに言うなら、籠池夫妻のケースのような長期勾留は「人質司法」と呼ばれ、心ある司法関係者やメディア関係者が長く批判してきたものでした。日本の刑事訴訟法も起訴後は保釈を原則としていて、これは先進民主主義国の常識です。ところが日本では被疑者が容疑を否認すると検察が「証拠隠滅の恐れあり」「逃亡の恐れあり」などと難癖をつけ、裁判所もやすやすとこれを認め、延々と保釈を受けられなくなってしまうことが珍しくないのです。これが過去、数々の冤罪《えんざい》の温床にもなってきました。

冤罪を生む後進的な刑事司法

僕はこれまで幾人もの冤罪被害者や刑事被告人になった人びとに話を訊《き》き、身に覚えのない罪をなぜ〝自白〟してしまったのか尋ねてきたのですが、誰もが口をそろえて「長期にわたる厳しい取り調べから逃げたかった」「とにかく保釈を受けたくて、検察官の言うがままに容疑を認めた」と言うんですね。弁護士の立ち会いもないまま何十日も朝から晩まで取り調べを受け、起訴後も保釈が許されず、籠池夫妻のように接見禁止処分までつけられれば弁護人以外には家族と面会すらできなくなってしまう。冷暖房もない拘置所の狭い独房に長期間閉じ込められ、勤め人ならば仕事を失ってしまうでしょうし、家族に会いたいと思えば、「仕方ない、とにかく自白調書にサインして保釈を受けよう」という気持ちになるのも当然でしょう。検察側は逆にそういう心情を逆手にとって「自白」を引き出してきたのです。

たとえば我々が冤罪で捕まったらどうするべきか、冤罪事件を数々手がけてきた弁護士の言葉が忘れられません。やっていないならもちろん否認し、徹底的に闘うべきなのだけど、徹底的に闘おうなどと軽々しくアドバイスできないとその弁護士は言うんですね。いったいなぜか。取り調べで否認して争えば、場合によっては長期勾留で仕事や生活に重大な支障が出かねない。会社はクビになるかもしれないし、メディアに報道されれば家族にも甚大な影響が出るでしょう。場合によっては家庭が崩壊状態になってしまうかもしれない。なんとかそれを堪《こら》えたとしても、裁判に相当な時間と費用がかかってしまう。しかも検察が起訴した場合の有罪率は、この国の刑事司法では約九九%にも達します。これは裁判の機能不全とも言えるのですが、現実には無罪を勝ち取れる可能性など極めて低い。

だから軽々しく「徹底的に闘いましょう」などと言えない、とその弁護士は言うんです。むしろ容疑を認めればすぐに釈放されるし、仕事や生活への影響も最小限にとどめられる。だったら闘うなんていう無謀な挙に出ず、すべて認めて大人しくしていた方が得だ――。そういう状況を助長してしまう日本の刑事司法は相当ひどいということです。こうした司法の問題を追及してこなかったメディアの責任というのも、やはり問われざるを得ないと言えるでしょう。

これは僕自身の反省を込めてでもありますが、メディアは警察や検察、あるいは裁判所が手がけるさまざまな事件や事故を熱心に取材し、報道してきました。ところが主に警察や検察がどんな捜査をし、誰を捕まえるかといったことばかりに集中してしまい、振り返ってみれば刑事司法の構造的問題点などにはほとんど目を向けてこなかったわけです。それは警察や検察といった国家権力のチェック役をメディアが果たさず、まさに政治記者が政治家の懐に飛び込み、時に抱きこまれてしまったのと同じことだったのでしょう。

楽観的になれない理由

メディアは政府などの公権力から独立せねばならず、多くは私企業として運営されていますが、極めて公共的性格が強く、時には「第四権力」などと呼ばれることもあります。どちらかと言えば否定的ニュアンスの形容ですが、しかし、本当に「第四権力」として立法、行政、司法といった三大権力などをチェックするのであれば、メディア自身が批判されるのも必要だということを含め、「第四権力」として大いに存在意義を示すのは悪いことではありません。

ただ、現在のこの国のメディアがその役割を果たしているかと言えば、これまでお話ししてきたことでもお分かりの通り、まったく懐疑的にならざるを得ません。政治的立場が保守だろうがリベラルだろうが、あらゆる権力を監視するのがメディアの役割だと考えれば、たとえば産経新聞などはともかくとしても、最大部数を誇る読売新聞が政権応援団の色彩を強めてしまっている現状は憂慮すべきものです。

結果としてこの国のメディア界はいま、保守とかリベラルとかいった位相ではなく、親政権と反政権といった構図で分裂状態に陥ってしまっている。それが現政権の根本的な問題点を相対化させ、あたかも政治や社会までもが二分されているように見えてしまっているのです。

これも少し余談になりますが、東京や大阪といった大都市に暮らし、いわゆる全国紙だけを意識していると、メディアがほぼ二分化されているように感じますが、全国各地のブロック紙や地方紙はなかなか健闘しています。それぞれ保守的だったりリベラル色が強かったりもしつつ、たとえば安保法制や共謀罪、特定秘密保護法、あるいは武器輸出三原則を事実上廃棄するような現政権の強圧的な姿勢に対するブロック紙、地方紙の懐疑心や批判は強い。こうしてみると、政権べったりの新聞などというのはやはり少数派なのです。

それでも現在のメディア状況に楽観的になれないのは、主に保守系の全国紙が政権べったりへと舵《かじ》を切ってしまったことに加え、インターネットの隆盛に伴って、旧来型の新聞メディアの部数減が続き、経営が徐々に苦しくなっていることもあります。これまでの新聞が決して理想的などではなく、むしろ不健全なところが多いものだったにせよ、それでも新聞がかろうじて担ってきたジャーナリズム的な役割を、代わって担うネットメディアなどはいまのところ見当たりません。特にアメリカで顕著ですが、地方紙が苦境に陥り、それぞれの地域でジャーナリズムの空白地域が生じると、やはり地域政治や社会が腐敗の度を増していきます。そうした事態をどう押しとどめるか。

メディアの事なかれ主義

問題はさらにあります。ネットの発達に伴うメディア不信の高まりです。

そもそも新興メディアというのは、既存のメディアへのアンチというか、いわばカウンターカルチャーとして登場するのが常ですから、ネット上で既存メディアがことさら批判の対象になるのは当然ですし、ある意味でそれは健全なことです。記者クラブ制度に代表される既存メディアの悪弊や閉鎖性、既得権益にあぐらをかいてメディア状況を改善しようとしない面などは、徹底批判されるべきでしょう。

ただ、昨今のネトウヨ（ネット右翼）的な「マスゴミ」批判や、トランプ米大統領に代表される「フェイクニュース」的な事実の歪曲《わいきょく》は、メディアの原則や民主主義の土台を掘り崩し、確実に腐食させていきます。なのに、そうした風潮の広がりがメディアの萎縮、自粛傾向を加速させているのは、これも実に情けない話ですが、一面の事実であると思います。

というのも、鈍感な僕などはほとんど気にしていないのですが、たとえば政権を批判すると、ネットでは「左翼」「反日」「朝鮮半島に帰れ」などといった悪質な誹謗《ひぼう》中傷が押し寄せてきます。そんなものは放っておけばいいのですが、実際に電話やメールなどによる抗議、嫌がらせもかなり横行しているようです。

聞くところによると、大手メディアの中でもNHKなどは、いろいろ不祥事が続いた反省ということらしいのですが、視聴者の意見には可能な限り真摯に対応せよと言われるそうなんですね。ただでさえ番組制作で忙しいさなか、視聴者の抗議や批判への対応に忙殺されてしまう。

しかも、無茶な政権や与党は陰に陽にあれこれ注文をつけ、圧力をかけてくる。そうするとどういう現象が起きるかというと、政権の注文やネトウヨ的な抗議などをできるだけ避けるような報道、番組、要するに徹底して〝安全運転〟に徹したものにしようという空気がはびこってしまうわけです。

これは多かれ少なかれすべてのメディアに共通する話です。二〇一六年の春、国谷裕子《くにやひろこ》さんや岸井成格《しげただ》さん、古舘伊知郎《ふるたちいちろう》さんという、政権に批判的とされたキャスターらが相次いで降板したことが話題になりました。僕はそれぞれの降板理由をつぶさには知りませんし、各局それぞれの背景はあったのでしょうが、メディア界に漂う〝安全運転〟の風潮が作用したのは間違いないだろうと思っています。要するに「面倒ができるだけ起きないように、できるだけ安全にやろうよ」という空気がメディアの底流に流れ、それが自由闊達《かったつ》な風土を蝕《むしば》んでいるのも昨今顕著な傾向です。

共有されないメディアの原則論

先日、ある大先輩に言われて印象的だったことがあります。僕がかつて勤めていた通信社の先輩記者なのですが、「お前の言ってることって、本当に普通だよなぁ」と。いわゆるメディア論やジャーナリズムのあり方について、今日もそうですが、そういうことを求められて語ることが最近たびたびあって、その際の僕の言説に対する先輩の感慨だったのです。

そう、僕がここで語っていることなど、メディアやジャーナリズムの原則論から言えば、本当にごく普通のことであって、特異なことでも突飛なことでもありません。ところがそれが特異視され、ごく普通のことを語れば「反日」などと罵りを浴びてしまう。そんな誹謗や批判は一部の連中による極端な話にせよ、ごく普通のことを普通に語る者があまりに少なくなってしまいました。

結局のところ日本社会において、メディアやジャーナリズムというものが本来どうあるべきかという、ごくあたりまえのことがきちんと共有されていなかったのです。これは、何よりもメディア自身の責任が最も大きいでしょうし、教育の問題などもあるでしょうが、現政権になってからは事態が一層悪化しています。

まずはメディア自身の劣化です。どうでもいいことのように思われるかもしれませんが、少し前のこと、木村拓哉《たくや》さん主演の人気テレビドラマ「ＨＥＲＯ」が映画化されたとき、製作元のひとつであるフジテレビが、なんと法務省で映画の完成披露記者会見を行ったのには脱力しました。あのドラマは検察官が主人公で、この国のドラマや映画は捜査当局を主役にするものばかりじゃないかといった愚痴はともかく、ドラマや映画製作にあたってお役所の協力を仰いだ挙げ句、完成披露をお役所で行うなどというセンスは、ちょっとでもメディアの原則に敏感な者であれば、まったくあり得ない発想なのです。たとえドラマであっても、監視対象である当局とはきちんと一線を引こうという判断を、まともな感覚を持ったメディア人ならば持っているはずなのです。

大統領と首相の差

中でも僕が近年、最も象徴的な出来事だと鮮明に覚えているのが、フリージャーナリストの後藤健二さんがシリアでIS（イスラム国）に殺害されたときのことです。二〇一五年一月に起きたあの事件の直後、アメリカではオバマ大統領が緊急声明を出しました。日本人ジャーナリストの死にアメリカ大統領が声明を出すこと自体、とても異例なことですが、その声明の中で大統領は「後藤さんは報道を通じ、勇気を持ってシリアの人びとの窮状を世界に伝えようとした」と言及したのです。そこには、ジャーナリストとしての後藤さんの仕事に対するリスペクトが、たとえ建前や儀礼的なものにせよ、一応は刻まれていました。

ひるがえって我が首相はどうだったでしょうか。やはり後藤さんの殺害直後、首相も声明を発していますが、ろくな救出作業をしなかった自らを省みることすらなく、「テロには屈しない」などといった勇ましい言葉ばかりを連ね、ジャーナリストとしての後藤さんの仕事に触れた台詞《せりふ》は皆無でした。悲しいことに、本当に皆無だったのです。

それればかりか、間もなく新潟の写真家がシリアに渡航しようとしたら、外務省は旅券返納命令を出してパスポートを取り上げてしまったのです。憲法が保障する言論・表現の自由はおろか、移動の自由すら奪い去り、それに対してメディア界でもほとんど批判の声は起きませんでした。さらに言えば、後藤さんの事件があった後、朝日新聞のイスタンブール特派員がシリアに入ったんですね。すると読売新聞と産経新聞が書きました。「外務省が渡航見合わせを促している地に朝日記者が入った」と。

ストレートに「けしからん」と書いたわけではありません。ただ、いかにも「お上《かみ》がいけないと言っているのに……」という気配ぷんぷんの記事でした。「お上」の許しがなければ取材現場にすら入れないとするなら、これはもはや戦前の大本営発表に甘んじろと言っているに等しいでしょう。たとえ政治的立場は違っても、メディアやジャーナリズムの大原則をメディア自身が打ち捨ててしまったのです。

原則をどう共有するか

ちょうど同じ時期、アメリカでこんなことがあったとアメリカメディアの報道で僕は知りました。アメリカでもジャーナリストが紛争地の取材中に亡くなったり、人質になったりすることは相次いでいて、その数は日本の比ではありません。そうした事態を受け、国務省がメディア関係者を集め、紛争地でのジャーナリストの安全をどう確保するかに関する会合を開いているんです。その会合には当時のケリー国務長官も参加していて、おおよそ次のようなスピーチをしています。

「残念ながら、紛争地で取材するジャーナリストの危険性をゼロにすることはできない。唯一方法があるとすれば、それは沈黙をすることだ。しかし、沈黙は降伏に等しい。それは暴政者や圧政者に力を与える。何が起きているかを世界は知る必要がある」と。さらにはこんな一言も添えられていました。「ジャーナリズムは政府機関から独立しなければならないが、政府にもできることはある」。要するに、政府にもできることがあるだろうから、何か助けが必要ならば遠慮なく言ってくれ、ということでしょう。

なんでもかんでもアメリカが良いなどとは露も思いませんし、世界で最も数多く戦争を引き起こしてきた暴政者、圧政者はアメリカ自身だったじゃありませんか、と皮肉のひとつも言いたくなりますが、しかし、この国務長官の発言は、メディア論やジャーナリズム論の教科書があれば、その一ページ目に書かれてもおかしくないような原則論です。

またも繰り返しになりますが、ひるがえってこの国の為政者はどうでしょうか。さらにはメディアが他メディアの勇気ある取材に、愚劣な難癖をつけるような現状をどう捉えればいいでしょうか。僕たちは、いったい何ができるのでしょうか。僕は政治に関しては門外漢ですから、結局のところ、本業である書くという仕事を通して、コツコツと伝えるべきことを伝えていくことしか思いつきません。ただ、せめてアメリカ並みに、メディアとジャーナリズムの原則論が政治や社会、市民の間で広く共有されていくことを願います。今日の僕の話も、そのささやかな一助になれば幸いです。

第四回　ソーシャルメディアが変えた世界とその行方

津田大介

〔つだ・だいすけ〕

ジャーナリスト／メディア・アクティビスト。一九七三年生まれ。メディア、ジャーナリズム、IT・ネットサービス、コンテンツビジネス、著作権問題などを専門分野に執筆活動を行う。ソーシャルメディアを利用した新しいジャーナリズムを様々な形で実践。主な著書に『ウェブで政治を動かす！』（朝日新書）、『未来を変える――情報の呼吸法』（中経の文庫）、『Twitter社会論――新たなリアルタイム・ウェブの潮流』（洋泉社新書y）、『メディアの仕組み』（夜間飛行、池上彰氏との共著）など。

（講義日　二〇一八年一月一〇日）

モデレーター／一色　清

なぜ「メディア・アクティビスト」を名乗るのか

僕の本業は一応「ジャーナリスト」ですが、それに加えて「メディア・アクティビスト」と名乗っています。「メディア・アクティビスト」とは具体的にどういうことをやっているのか、まずは自己紹介も兼ねて説明しましょう。

「メディア・アクティビスト」は、元々は一九七〇年代のアメリカでケーブルテレビが普及したときに、市民が報道にアクセスしやすくするような活動をした人々を指す言葉でした。僕の場合は、二〇一一年の東日本大震災のとき、ジャーナリストと名乗るよりは、被災地の市民の方たちに情報を発信する方法を教えるという意味でメディア・アクティビストの方がぴったり来るのではないかと考えたのが、この名称を名乗るようになったきっかけです。

日本にインターネットの波が来たのは、僕が大学に入学した一九九三年頃です。「これは、世の中を変えるすごいテクノロジーだ」と、インターネットばかりやっていたのですが、当時、パソコンやインターネットはすごく難しいものだったので、インターネット雑誌やパソコン雑誌が書店でたくさん売られていました。これだけ雑誌が出ているんだから書き手は足りないはずだと考えて、売り込みのはがきを一五〇枚くらい編集部に送り、それがきっかけとなって記事を書かせてもらえるようになりました。はじめのうちは、通販サイトだったらどこがいいかといった実用系の記事を書いていたのですが、次第に、デジタルやネットの新しい技術が社会をどう変えていくかということに興味が出てきて、そういうことをテーマに本を書いたりするようになり、今に至るという感じです。

僕のキャリアの特徴は、マスメディアとネットの良さと悪さの両方を実体験として知っているということではないかと思います。一口にメディアと言っても、マスメディアもあれば、自分たちで立ち上げるネットメディアもあり、さらには有料か無料かなど、媒体によって様々です。フリーランスなので、来た仕事は全部断らずにやってきたら現在のような形になったわけですが、すべてのメディアの特性に合わせた情報発信を行ってきたという意味で、「メディア・アクティビスト」を体現しているのではないかと、自分では思っています。

東日本大震災とソーシャルメディアの存在感

さて、ここからが本題です。

今の我々の情報環境を支えている三つの基礎技術と言われる「ソーシャルメディア」「スマートフォン」「クラウド」が日本に登場したのは実は一〇年ぐらい前のことで、これらが一般化したのは五年ほど前と、そんなに昔のことではありません。

日本の状況について言えば、東日本大震災が起きたとき、スマホを持っていた人は東京など都市部に住む一部の人たちだけで、当時のスマホの契約数は一〇〇〇万に達していませんでした。それが二〇一七年になると、スマホの契約数は八一〇〇万と激増しています。ソーシャルメディアにしても、二〇一一年当時のツイッターの利用者は六七〇〇万だったのが、二〇一七年は四五〇〇万のアクティブ・ユーザー（過去一カ月以内にログインして使ったことがあるユーザー）がいるのですから、これはもう国民的メディアと言っていいでしょう。

つまり、震災が起こった二〇一一年当時、スマホを持っている日本人は一三人に一人、ツイッターのユーザーは一九人に一人しかいなかったのに、わずか五、六年で、日本人の一・五人に一人がスマホを持ち、三人に一人がツイッターを使うようになったのです。

様々な点で、東日本大震災はソーシャルメディアの存在感を高めるきっかけとなったと言えます。まず、コミュニケーションインフラとしてソーシャルメディアは大きな注目を集めました。東京でさえ電話がなかなかつながらないという状況でも携帯ネットワークは使えたので、ソーシャルメディアを利用することが可能でした。首都圏の帰宅難民がツイッターを活用したり、被災地ではガラケーや当時流行《はや》っていたミクシィで連絡を取ったり、また、海外とのやりとりにはフェイスブックが使われたりしましたし、僕自身、電話は全然つながらなかったので、仕事の連絡は全部ツイッターのＤＭ（ダイレクトメッセージ）でやりました。

情報源としても、ソーシャルメディアは大いに活用されました。被災地の人たちがまず知りたかったのは、たとえばインフラがいつどうやって復旧するのか、といった生活に関わる情報だったわけです。けれども、メディアは原発事故のニュースばかりに力を入れ、なかなか必要な情報が伝わってきません。そんな中、現地のローカルテレビ局やラジオ局がツイッターで、「どこどこのスーパーはいつから開きます」「どこどこで炊き出しがあります」という情報を流し始めました。被災地では、震災がきっかけでスマホを買ったり、ツイッターやフェイスブックを使うようになった人が多いと聞いています。

一方で、ソーシャルメディアによって根拠のない噂話《うわさばなし》やデマが大量に流通したという点も指摘しておかなければなりません。このことについては、後ほど改めて述べたいと思います。

マスメディアとネットの融合

今、テレビを観ていると、画面下に視聴者の感想としてツイッターの投稿がリアルタイムで流れてくることが増えました。これを最初に始めたのは、二〇一二年四月にスタートしたＮＨＫの「NEWS WEB 24」という深夜のニュース番組でしたが、このような既存のメディアとネットの連携が進むきっかけとなったのは、やはり東日本大震災です。元々、あまり仲が良くなかった両者が、未曽有の大災害によって、お互いにもっと連携していかないといけない、という意識が生まれてきたのだと思います。

震災が発生した二〇一一年三月一一日の夜には、各テレビ局は震災関連の報道特別番組のネット同時中継を始めています。これにより、海外にいる日本人もネットで情報を得ることができましたし、被災地でも、特にテレビの復旧が遅れた地域でネットの報道は非常に役立ちました。また、テレビ局が避難所を取材する際、撮影した素材をユーチューブや自社の動画サイトにアップして、安否確認につなげたという事例もあります。

記者会見などの一次情報がネットで見られるようになったのも、震災からです。テレビでは、質疑応答の時間になるとスタジオに画面が切り替わり、解説が始まることが多いのですが、実は、記者会見の本番は質疑応答の部分で、実際、発表よりも質疑応答の方が時間が長かったりします。震災当時、僕も記者会見をよく観ましたが、ネット中継で質疑応答も含めた記者会見を観られるようになったことは、情報収集に非常に役に立ちました。

また、テレビの場合、解説をする専門家はせいぜい二人ぐらいですが、たとえばツイッター上には一〇〇人、二〇〇人の専門家がいて、記者会見の内容にいろいろなツッコミを入れてきます。参考になると同時に、あまりに多くの情報が飛び交うことで、何が正しいのか、よくわからなくなってしまうという問題も明らかになってきたと言えます。

進化するツイッター

東日本大震災を経て、その後の災害でもツイッターというソーシャルメディアの存在感は一層増しています。

まず、メディアの記者たちがツイッターをやるようになりました。東日本大震災が起こって半年ほど経った頃、朝日新聞の経営陣から「記者のツイッターを解禁したい」と相談された僕は「やる意義は大きいが、絶対炎上しますよ」と忠告しましたが、それも踏まえた上で、朝日新聞は二〇一二年から記者のツイッターを解禁しています。

実は、新聞記者の人たちは自由に発信できるようでいて、自分が所属する社の社説と違ったことを書くわけにはいかない、という縛りがあります。今でも記者のツイッターを禁止しているメディアもありますが、やはりネット時代のジャーナリズムに対応していくためには、それぞれの記者がツイッターで発信していくべきだという流れができ、今ではマスメディアの記者がツイッターで情報発信するのはもう当たり前の光景になりました。

記者たちのツイートは、二〇一六年の熊本地震でも大いに活用されました。地震発生直後、現地で取材をしていた朝日新聞の社会部の記者たちが熊本県内の避難所を調べ、その一覧のデータをツイッターで流したのです。このツイートは施設名だけを縦に並べただけのものでしたが、その後、社会部のツイッターで「住所までは手が回りませんでしたが、どなたか地図に落としませんか」と、呼びかけたところ、数分後には学生ボランティアたちが協力を申し出て、わずか数時間後にはスマホがあればどこに避難所があるのかがわかる地図ができあがりました。東日本大震災の経験によりマスメディア側の意識も変わったからこそ、このような呼びかけができたと言えるでしょう。数時間というスピード感も含めて、これはすごいことだと思います。

また、大西一史《かずふみ》熊本市長のように、ツイッターをうまく活用して、情報提供や復旧にうまくつなげる自治体の首長が出てきたことは注目に値します。地震発生直後、大西市長は救援物資の情報などを迅速にツイッターで流しましたが、僕が一番感心したのは、水道管の破損についての情報提供を呼びかけるツイートです。地震によって市内の水道管のあちこちで漏水していることがわかったものの、場所の特定ができないので、大西市長は市民に情報提供を呼びかけるツイートを流しました。すると、多くの情報が市民から寄せられ、通常通りに水道局の職員だけでひとつひとつ確認していたら三カ月ほどかかった作業が、およそ一週間で完了したのです。市長がツイートしなければ、これほど迅速な復旧は難しかったでしょう。

こうしたことは、我々がスマホを持っていて、撮った写真をすぐ送れるから可能なわけで、しかも今は地図アプリで自分が今いる場所が特定できますから、「どこどこの水道管から漏水している」という情報をツイッターに投稿するまで三分もあれば十分です。それだけメディア環境もネットを使う側の意識も大きく変わったということですし、それをうまく使うメディアや政治家も出てきたというのは、メディアをめぐるポジティブな可能性だと思います。

飛躍的に増大した個人の影響力

ここで、これまで話してきたこの五、六年で起こった変化が、それまでのインターネットと何が違うのか、という点について押さえておきましょう。

そもそもインターネットは、どこかにデータを置いておけば誰かが検索して見にいくことができる、というサービスです。なんらかの情報がほしい人は検索してそこにたどりつくことは可能でも、それだけでは、マスメディアのように一気に何百万人に情報を届けることはできません。その状況が変わったのは、スマホとソーシャルメディアが登場・普及し始めた二〇〇〇年代後半からです。こうしたポテンシャルについては、インターネットが登場した一九九〇年代頃から指摘されていましたが、このふたつによって、今や個人がマスメディア並みの影響力を持てるようになったと言えます。

ソーシャルメディアの情報拡散力が強まったことにより、以前であれば、マスメディアが注目して取り上げなければ社会問題として認知されなかったのに、ネットで盛り上がって拡散されるとマスメディアの方が注目して記事にするという、一種の逆転現象が起こっています。

象徴的なのは、二〇一六年春に大きな話題を呼んだ「保育園落ちた日本死ね!!!」のブログでしょう。こういう問題意識は重要だと注目した人たちがツイッターで話題にし、それらのツイートを目にした社会起業家の駒崎弘樹さんがブログに書き、それを何百万人という人が見て拡散し、結果的に国会議員秘書の目にとまって、国会の質疑で取り上げられるまでになっていきました。匿名の書き手によるブログがこのような規模で拡散されていくなど、かつてであれば考えられなかったと思います。

実は、ソーシャルメディアは技術的にすごいことをやっているのです。普通のウェブサイトはそこにアクセスが集中すると、サーバーが処理できる情報量をオーバーしてしまい、サイトは見られなくなってしまいます。しかし、ソーシャルメディアの特徴のひとつは、フォロワー数が多い人が情報を発信すると、またたくまに何百万人という規模でその情報が拡散されるという点です。ツイッターで言えば、アメリカのシンガー・ソングライターであるケイティ・ペリーのフォロワーは約七〇〇〇万、オバマ前大統領は約六〇〇〇万いますが、ケイティ・ペリーやオバマが何か言えば、かつてであればマスメディアにしかできなかったような大規模な情報の拡散が瞬時にできてしまいます。しかも、マスメディアと違い、ソーシャルメディアの情報発信には人件費や撮影に必要な高い機材の費用、印刷代、輸送費諸々《もろもろ》のコストがほとんど必要ありません。

「動員の革命」の光と影

これまでのインターネットは、現実の社会や政治との接点があまりありませんでした。ところが、これだけソーシャルメディアが普及したことで、ネットを通じて現実の社会や政治が動くような事例が出てきています。

最も有名なのは、二〇一〇年から二〇一一年にかけアラブ諸国で起こった民主化運動「アラブの春」でしょう。他にも、格差に反対する若者たちがウォール街で公園を占拠してデモを行った二〇一一年の「オキュパイ・ウォールストリート」、二〇一四年には香港《ホンコン》の民主化を求める「雨傘革命」がありましたし、二〇一二年に日本で行われた首相官邸前の原発反対デモも、「オキュパイ・ウォールストリート」を参考に、ソーシャルメディア経由で一五万人（主催者発表）もの人々を集めました。従来型の労働組合ののぼりなどもありましたが、それまでデモに縁がなかった若者たちがあの場に大勢集まってきたのは、やはりネットの力が大きかったと言えるでしょう。

これらの運動の特徴として、こうしたネットによる動員に加え、現場にいる人たちがスマホとソーシャルメディアを使い、映像や写真を世界中に拡散していったことも挙げられます。そうしたことを取材して、二〇一二年に『動員の革命──ソーシャルメディアは何を変えたのか』（中公新書ラクレ）という本を出しました。ソーシャルメディアは、同じ価値観を持っていても本来ならつながらなかった人たちを、ときには国を超えて自然につなげていき、その結果、現実の社会に大きなインパクトを与えるようなムーブメントを起こします。この本を書いたとき、僕は「これは新しい社会運動の形になる」と、ポジティブな未来を見ていました。

しかし、ソーシャルメディアがもたらした動員力の革命は、ヘイトスピーチや嫌韓・嫌中デモのような、特定の勢力を社会から排除しようという運動にも利用されました。ネットでヘイトスピーチをして憎悪を募らせていた人たちが、ネットだけでなく現実の社会でもつながり合ってデモをするようになったのは、ソーシャルメディアの動員力がはたらいたからです。さらには、クラウドファンディングやネットの寄付サービスを通じて、彼らのような人々に資金が集まる仕組みもできあがっています。

スマホもツイッターもしょせんは道具ですから、包丁が料理にも人殺しにも使えるように、いいようにも悪いようにも使えるわけです。

ポスト真実が象徴するもの

このスマホやソーシャルメディアの情報拡散力を悪用する問題が、世界的にも大きくなっています。

それを象徴するのは、「ポスト・トゥルース（脱真実）」「フェイクニュース」「オルタナティブ・ファクト」といった言葉です。それぞれの定義を「朝日新聞」の用語解説で確認すると、ポスト・トゥルースは「世界最大の英語辞典であるオックスフォード英語辞典が2016年を象徴する言葉として選んだ。『脱真実』の意味合いで、真実や事実よりも個人の感情や信念が重視される政治文化の風潮を意味する」と書かれています。フェイクニュースは「虚偽や虚実ないまぜになった発言、発信のことを言う」、オルタナティブ・ファクトは「うそやあいまいな事柄も繰り返して言及することで、事実に基づいていなくても、もう一つの事実になりかねない時代を示す言葉」とあります。トランプ大統領が典型的ですが、普通、事実はひとつしかないと思われているのに、それとはまったく違うことを自信満々に言い続けると、そちらを信じる人が増えてきてしまうということです。

イギリスがEU離脱を決めた「ブレグジット」やアメリカでトランプ大統領が誕生した背景には、論理や理屈でなく感情をあおるような情報がネットやテレビに蔓延《まんえん》し、人々の考えに大きな影響力を持つようになったことがあります。ポスト・トゥルースは、客観的事実よりも感情的な訴えかけの方が世論形成に大きく影響する状況を示すものと言え、そうした時代状況において、これまでであれば見向きもされなかったフェイクニュースやオルタナティブ・ファクトのようなことが個々の現象として起きているということだと思います。

二〇一七年に出した名古屋大学大学院准教授の日比嘉高《よしたか》さんとの共著『「ポスト真実」の時代――「信じたいウソ」が「事実」に勝る世界をどう生き抜くか』（祥伝社）では、ポスト・トゥルース的な社会には四つの要素があるということを述べています。一番目は、これまで話してきたようにソーシャルメディアの影響力がどんどん強くなったということです。二〇年ぐらい前までであれば、新聞やテレビの情報を見ていれば社会のことはだいたいわかったわけですが、今のような複雑化した世の中においては、むしろマスメディアだけ見ていても世の中のことがよくわからなくなってきた、そこでソーシャルメディアの存在感が高まったということが言えます。

二番目の要素として、その結果、マスメディアは今まで「事実」を報じてきたけれど、「事実」の裏側にあるものの方が重要ではないか、という考え方が出てきたことです。三番目は感情が事実よりも優先されるようになったということ、そして四番目の要素に、人々の間に分断の感覚が生まれているということが挙げられます。具体的な現象で言えば、「炎上」というものが増えたり、フェイクニュースが横行したり、政治家が開き直ったり、弱者が軽視されたり、ネットリンチのようなものが増えたり、差別が顕在化したり、移民が排斥されたり……といったことが起きているということです。

これらに加え、もうひとつ重要なのは、拡散される「虚偽の情報」には、お金儲《もう》けや政敵を追い落とすなどなんらかの目的があるということです。たとえばトランプ支持派は、ネットメディアやソーシャルメディアを利用して対立陣営をフェイクニュースで攻撃していたわけですが、それにロシアも絡んでいたという疑惑が、今、大問題になっています。

また、二〇一六年アメリカ大統領選の最中、トランプを支持する扇情的なデマニュースサイトを何百個とつくって流布させていたのは、マケドニアの若者たちでした。彼らの動機は、要するに金儲けです。「デマニュースサイトをつくると、広告料がどんどんついて儲かる」ということでやり始めたら、それが広まって町の産業にまでなり、中には、こうしたデマニュースサイトで六万ドル（約六七〇万円）もボロ儲けした若者もいたといいます。

情報はどう歪《ゆが》められていくか

フェイクニュースといっても一様ではなく、故意のミスリード記事やソースそのものが偽造された記事、根も葉もない完全な捏造《ねつぞう》、グラフや表、あるいは写真で印象を操作するなど、様々な種類があります。ただ、完全な捏造記事は、実はあまりアクセスが集まらないと言われています。

たとえば、読売新聞の佐藤友紀《ゆき》記者が取材したルポ（「中央公論」二〇一七年七月号「マケドニア『フェイクニュースの里』を歩く――大学生や高校教諭が一攫《いっかく》千金を夢見て」）によると、デマニュースサイトをつくっていたマケドニアの若者たちが言うには、まったくのフェイクニュースだとすぐにデマだと見破られてしまうのだそうです。そこで、彼らは「賞味期限」を長くするために、マスメディアがネットで発信する様々なニュースをコピペし、その一部だけを切り取って、それっぽく加工し「ハーフ・フェイクニュース」にするのだそうです。つまり、ある意図を持って切り取った事実を加工すると、本当の情報も混じっているので否定しにくいというわけです。

氷山の一角という言葉がありますが、表面の見えている部分は確かに事実であっても、その裏側にある背景や文脈、事情をすべてすっ飛ばして表面に見える部分だけを切り取り、元の事実とはかけ離れたメッセージを伝えるということが、世論工作として、ときには国境を越えて行えるようになっていると言えます。

こうしたことは、もちろん日本でも行われています。あるとき、イチロー選手がスポーツ新聞のインタビューで、「テニスの錦織圭選手が活躍して、海外のメディアでも大きく取り上げられていますが、どう思いますか？」と質問されました。それに対する彼の答えは、「こっちのメディアがどうとか関係ないですよ。日本のそういうところは大嫌いでね。こっちのメディアで騒がれてるから日本人が騒ぐみたいな、そんな順番はめちゃダサいですよ」というもので、いかにもイチロー選手が言いそうなセリフです。

ところが、「日本のそういうところは大嫌い」というのがスポーツ新聞で文字になると、ネットのまとめサイトでは「イチローが反日発言」という見出しをつけられてしまうのです。アクセス数を稼ぐためにぱっと目立つ見出しをつけたのだと思いますが、こんなふうに情報が歪められていくということは、もう日常的に起こっています。

今の若い世代はアプリでニュースを見ていますが、目に入るのは、こうしたある部分だけが誇張された見出しばかりで、記事の本文まではなかなか読みません。しかし、彼らはそれでわかった気になって、どんどんリツイートやシェアで拡散させてしまいます。人間は、なにか衝撃的な情報や感情を揺さぶられる情報を聞くと人に伝えたくなる生き物ですから、しょうがないとも思いますが、ただ「おもしろいからシェアする」というだけでは、結果的になんらかの目的が背後にある誤った情報を流布させてしまうということに加担してしまいます。ネットの世界には、見出しだけがひとり歩きし、情報が歪められる構造が存在しているということは知っておくべきでしょう。

動機はナショナリズムや若者の右傾化ではない

二〇一七年一一月一三日に放送されたNHKの「クローズアップ現代+」で、あるまとめサイトを運営している管理者が、いろいろな情報をいろいろなサイトからパクってきて加工し、衝撃的な見出しをつけて流すと、月七〇〇万円の収入になると話していました。つまり、まとめサイトはそれぐらい大きなビジネスになっているということです。特に、嫌韓・嫌中、あるいは在日コリアン、マスメディア、フェミニズムなどを叩く情報を流すとアクセスが集まりやすいので、アクセス数を稼いでお金儲けをするために情報を歪めている人たちがたくさんいることが推測されます。

「中央公論」二〇一八年一月号に掲載された立教大学の木村忠正《ただまさ》さんの論文「『ネット世論』で保守に叩かれる理由――実証的調査データから」によると、炎上のパターンには三つあるといいます。ひとつめは韓国や中国に対する憤り、ふたつめが「弱者利権」、つまり立場の弱さを利用して権利を主張し、獲得するマイノリティへの違和感、そして三つめは「マスゴミ」という言葉に代表されるようなマスメディア批判です。

木村さんは、ヤフーニュースのコメント欄に投稿された何十万というコメントを分析するという研究をされた方ですが、ネット世論は「非マイノリティポリティクス」によってつくられているのではないか、と指摘します。「非マイノリティ」とは、「普通の日本人」というマジョリティに属しているけれども満たされていない、と感じている人たちです。そういう人たちは、在日コリアンや障害者、女性のような「弱者」が権利を獲得しようとすると、「自分たちが満たされていないのに、なぜ『弱者』ばかりがいい目を見るのか」と不公平感を抱きます。

彼らは、「弱者」が多くの困難に直面していることへの配慮よりも、「弱者」だと主張して権利や賠償を勝ち取るような行為に対して危機感を持っており、その危機感は先に挙げた三つのパターンすべてにあてはまる、と木村さんは指摘します。嫌韓・嫌中がネットで盛り上がるのも、ナショナリズムや若者の右傾化というよりも、韓国や中国がかつて日本に侵略された「弱者」であり、謝罪と賠償を求め問題を蒸し返すことへの危機感が元になっていると説明できますし、マスメディア批判も、「弱者」の意見ばかりを取り上げて自分たちの声を取り上げないことへの危機感から来ていると考えられるそうです。つまり、ネット上の言論は、すべて「弱者」への憤りで説明できてしまうというのです。

世論のコントロールが進んでいる

厄介なことはまだあります。

ネットセキュリティ企業のトレンドマイクロ社が二〇一七年に発表した「Fake News and Cyber Propaganda: The Use and Abuse of Social Media」というレポートによると、ネット世論をコントロールする専門業者が既に世界各国に存在することが明らかになっています。

たとえば、「五〇〇〜八〇〇語のフェイクニュースの記事作成は一五ドル」「動画の書き込みは二・六ドル」「一〇〇名のフォロワーがいるアカウントでいいねとリツイートは〇・三四ドルから」といった具体的な数字が、ロシアや中国のフェイクニュース請負業者のメニュー欄に書いてあるのです。思わず笑いたくなってしまいますが、これは笑えない現実です。このレポートでは、主にロシアや中国の事例が報告されていますが、おそらく日本にもそうした業者がいて、政権に批判的なことを書いている人たちに対して反論の書き込みをするというようなことが行われているでしょう。

また、国際NGOのフリーダム・ハウスが二〇一七年に発表したインターネットの自由度を調査したレポートでは、政府によるネットワーク世論工作が広まっていると報告されており、彼らが調査した六五カ国中三〇カ国で政府が一般人になりすまして世論をつくっていることが明らかになっています。ツイッターやフェイスブックのアカウントはいくらでもつくれますから、そういうなりすましも簡単にできてしまうわけです。しかも、ボットという自動プログラムでそうしたなりすましアカウントの発信を行っているのが二〇カ国はあった上、反政府活動家やジャーナリストのアカウントを乗っ取るということも行われています。二〇一六年アメリカ大統領選挙でロシアのネット工作が成功してしまったがために、「うちもやろう」とばかりに、こうした動きが世界中に広がっているのです。

今後は、これにAIが加わってくることが予想されます。実際、特定のフォーマットに則《のっと》ってパターン化された記事であれば、AIは人間以上に優れた記事を書く能力を発揮することが実証されています。ですから、ヘイトスピーチ記事やフェイクニュース記事をAIに量産させて、それをどんどん拡散させるということは、技術的にはもはや簡単にできてしまうのです。

いくつかの解決策

では、具体的に対策はあるのかと言われれば、正直、特効薬はないと言わざるを得ません。ただ、対症療法としては、いくつかの方法が考えられます。

ひとつは、技術を使うことです。たとえばアメリカの「ワシントン・ポスト」は、トランプ大統領のツイッターの内容に虚偽が含まれていないかどうかファクトチェックをする拡張機能RealDonaldContextをリリースしています。この拡張機能をダウンロードすると、トランプ大統領のツイート画面の下に但し書きのコメントがつき、最後に貼られている「ワシントン・ポスト」の記事のリンクを読めば、事実関係の確認ができるというものです。こんなふうにデジタルを理解して活用するジャーナリズムは今後、ますます必要とされるでしょう。また、AIがフェイクニュースをつくれるのであれば、逆にAIでフェイクを検出することも十分可能だと思います。

このように技術で対抗することも大切ですが、ネットメディアをめぐる様々な問題を解決するカギは、お金の流れ、つまり広告業界がどう対処するかということと、グーグルやツイッター、フェイスブックのようなプラットフォーム企業がメディア企業としての倫理を高めることに集約される、と僕は考えています。

結局のところ、広告業者が広告を出しているからフェイクニュースのまとめサイトのようなものが儲かる構図になっているわけです。そのお金の流れをどうにかすれば、状況は変化する可能性は高いと言えます。テレビなど従来のメディアと違い、多くのネット広告はネットワーク業者が一括して取り扱っており、広告主が広告先を選ぶことができません。そのため、大企業のコマーシャルがすごいヘイトスピーチの動画の前に流されたりしてしまいます。それが今、問題となりつつあり、大手企業が次々とユーチューブから広告を引き揚げているという状況です。

今後、たとえば悪質な情報発信をしている人たちに対しては広告業界が利用停止処分にする、ということも対策になると思います。さらに、一度、利用停止された人は他でもアカウントをつくれないといった、ある種の信用情報を広告業界とプラットフォーム企業が共有し、連携することも、ネットからデマやヘイトを減らすことに役立つでしょう。

プラットフォーム企業の方も、これまでの「自分たちは単にユーザーが情報発信するお手伝いをしているだけなので、発信された情報についての責任は取りかねる」という立場を変えつつあります。二〇一六年アメリカ大統領選挙で、フェイスブックにアクセスした人たちが大量のフェイクニュースを見たことでトランプに投票したことが明らかになり、これはやはり単なるプラットフォームとは言えないのではないか、という流れが出てきました。

現在、プラットフォーム企業においてフェイクニュースへの監視を強めるなどの動きが出ていますが、日本で言うところの発信者情報開示請求というプロセスを改善するのも、ひとつの方法です。これまでは、誰が情報を発信しているのかわからないので法的手段に訴えることも困難だったのですが、権利侵害が明白な場合はプロバイダに連絡したらすぐに情報を教えてもらえるような仕組みをつくっていくことは、抑止力につながっていくのではないかと思います。

これまでのメディアにはなかった視点を

最後になりますが、やはり「本と新聞の大学」ですから、こういう時代だからこそ報道はがんばらないといけないのではないか、という話で締めくくりましょう。

ウォルター・クアトロチョッキというイタリアの研究者の調査では、フェイクニュースを信じている人は信じたいから信じているのであって、「それは違う」と事実を指摘しても、逆にフェイクニュースサイトを依然として読み続ける確率は三割も高まったそうです。結局、単にファクトを突きつけるだけの説得は不可能であって、相手と共通の文脈をつくって、そこから入っていく必要があるのではないかと思います。たとえば差別の問題で言えば、「あなたは外国人に対して差別発言をしているけど、あなたの好きなサッカーチームの外国人選手はどうなのか」と問うことで、相手との会話を成り立たせていくようなやり方です。

そういうコミュニケーションは、これまでのメディアにはなかった視点でしょう。しかし、ユーザーに最適化した情報ばかりが自動的にどんどん流れてくるネットの快適さに対抗していくには、自分と意見が違う人にも届くような伝え方についても考えなければいけない時代になってきています。それが、今の僕の問題意識です。

【Q&A】

ポスト・トゥルースから抜け出す方法について

Q　自分と同じ二〇代の友人たちを見ていると、客観的事実かどうかということよりも、マスメディア嫌いという感情で動かされて、情報を発信したり拡散したりしているように感じます。ただでさえ本や新聞に接しないと言われる若者たちはどうすれば負の連鎖から抜け出せるのでしょうか。

津田　これからは、おそらく経済格差以上に情報格差が大きくなっていくでしょう。ネットを見ていれば、いくらでもジャンクな情報は無料で手に入るし、エンタメも含めて楽しめてしまうわけです。けれども、これからは、わざわざお金を払わないとちゃんとした情報が手に入らないという時代になっていきます。お金を払ってでも新聞や本を買ってちゃんとした情報を手に入れようという人と、無料の広告コンテンツに支配されたジャンクなネット情報しか見ない人とに分かれていくという傾向は、今後ますます進んでいくと思います。

そうしたことも踏まえて僕自身が具体的なアドバイスをするならば、情報源を三つ確保しよう、ということになります。ひとつは、やはり本や新聞のような紙のメディアです。なんといっても本は手軽ですし、少なくとも校閲を経て情報確認がされている安心感があります。たとえば、何かについて調べようというとき、ネット検索に三時間、四時間かけるなら、その時間で書店の新書コーナーに行き、関連する本を一冊買って読む方が、ずっとわかりやすいし、効率がいい。

ただし、ネットは一切見るなというのも、今の時代だと偏ってしまうので、速報的なリアルタイムの情報であったり、マスメディアがティピカルな考え方しかしないときにまったく違う視点を知ったりするには、やはりネットが役立つと思います。フェイクニュースが混じることもありますが、信頼できる人が意見を表明する場もまたネットだったりします。ですから、信《しん》憑性《ぴょうせい》は紙メディアに比べると低いということをわかった上で、ネットの情報を摂取するといいでしょう。

それから、実際にその現場に行って、人と話してみるということが重要です。ネットにも紙のメディアにも書かれていないことはたくさんあります。自分が体験してみる、あるいは現場を自分で見てみる、そこにいる人と実際に話してみることで得られる情報はたくさんあるのです。

割合は人それぞれでいいと思いますが、僕の場合は、ネット三割、本三割、人から四割ぐらいでしょう。ただし、どんな割合でもいいので、その三つを情報源としてずっと確保しておくことが、偏らずにいろいろな判断材料を入手できるコツになるのではないかと思います。

第五回　何がテレビ報道をダメにしたのか？

金平茂紀

〔かねひら・しげのり〕

一九五三年生まれ。東京大学文学部社会学科卒業後、一九七七年TBS入社。「JNNニュースコープ」副編集長、モスクワ支局長、ワシントン支局長、「筑紫哲也NEWS23」編集長、報道局長、アメリカ総局長、コロンビア大学東アジア研究所客員研究員などを経て、二〇一〇年一〇月から「報道特集」メインキャスター。二〇一六年三月、執行役員退任にともない退社。現在もキャスターをつとめる。主な著書に『ロシアより愛をこめて』（筑摩書房）、『二十三時的』（スイッチ・パブリッシング）、『テレビニュースは終わらない』（集英社新書）、『沖縄ワジワジー通信』（七つ森書館）、『抗うニュースキャスター』（かもがわ出版）ほか。二〇〇四年度「ボーン・上田記念国際記者賞」受賞。二〇一三年より早稲田大学大学院客員教授。

（講義日　二〇一八年一月二三日）

モデレーター／姜尚中

【講演】

テレビ放送とともに生まれて

私は一九五三年、日本でテレビ放送が始まった年に生まれました。「ひょっこりひょうたん島」とか「シャボン玉ホリデー」とかを見ながら、自分の価値観をつくってきた、テレビが自分の中にしみついている人間です。ＴＢＳに入って、ずっとテレビの報道ばかりやってきて、二〇一八年で四二年目です。今、局とはフリーの関係で、「報道特集」という番組のキャスターをやっています。

何がテレビ報道をダメにしたのか？　テレビとともに育ち、しかも、まだ現役でテレビの仕事をやりながら、こういうタイトルで話すのは、自分たちがちゃんとやればいいではないかという話ですから、ブーメランのように自分にはね返ってくる話です。

ただ、これ以上、テレビの劣化、もっと大きな意味で言うと公共的なメディアが劣化してしまって、国民や市民との間の信頼関係が失われ、メディア不信などと言われるような流れを止めたい。それから、メディアで情報を発信している側も、どうせ見てくれないよとか、どうせ書いても読んでくれないよみたいな形で、お互いに不信感を抱き合うような関係はよくないと私は思っているものですから、そういう流れを止めたいという観点からお話をします。

メディアをダメにする三つの傾向

結論から言います。何がテレビ報道をダメにしたのか?

今、テレビ報道をダメにしているのは、第一には、御用記者とか御用メディアと呼ばれているものです。本来ならばメディアは権力をチェックしなければいけない。こうしたメディアの機能を監視犬、ウォッチドッグという言い方をするのですが、それが愛玩犬、ペットのようになって、権力者にすり寄るようになってしまっているという現状です。

第二に、少数派、マイノリティー、声がなかなか聞こえにくい人、弱い人たちの声を排除して、圧倒的な多数派にすり寄っていくような動きが出てきている。

第三に多様性を無視して、みんな一緒、同じ色に染まって、横並びになって、ほかと違うことを恐れるような傾向。この三つの傾向が、今、日本のマスメディアをダメにしている元凶だと私は思っています。

現象として何があらわれてきているかというと、記者会見でも質問しない。日本の記者会見、特に省庁の記者会見場は、とても今、おかしなことになっています。質問しないで、みんなパソコンを開いて、必死にかちゃかちゃ打っている。これを、外国の記者たちは、記者会見なのに、なぜ質問しないんだよと不思議がっています。質問する人は限られていて、幹事社と称する日本的な記者クラブの風土によって支えられている記者だったり、あるいは、向こう側の人の顔見知りだったりするような、要するに、かわいがられている人がいつも当てられていたりというような、とても変な状況が起きています。

それから、組織のために個人を出さないようになっている。まるで滅私奉公のような働き方がマスメディアに浸透していて、自分はどう考えるかではなくて、我が社とか、我が局とか、我が新聞、我が通信社みたいなものを主語にしながらものを考えるような習慣ができてしまっている。

もう一つ、今のマスメディアをダメにしている大きな枠組みを申し上げると、ネットメディアと既成メディアがまるで対立関係にあるようにみなす風潮です。いわゆる既成メディアの側が、ネットの野郎がさ、何か不勉強でわけもわかんないのに、俺たちの記事を引用してさ、貼りつけて、あいつら何だよみたいな、無前提な敵意のようなものをネットメディアとか新しいメディアに対して抱いている。

これらとは別に、ネットメディアのほうは、既成メディアは既得権にあぐらをかいて、報じるべきことも報じていないのに、何を偉そうに、金儲《かねもう》けのためばかりに動いているくせして、みたいに感じており、ネットメディアと既成メディアがまるで対立関係にあるような枠組みが広がってしまっている。

こういうことが今、マスメディア、テレビ報道をダメにしている大きな要因ではないかと思っています。

沖縄では空から窓が降ってくる

二〇一七年一一月、横綱日馬富士《はるまふじ》の暴行事件が報じられました。それ以来、およそ二カ月間にわたり、朝から晩まで、硬派のニュース番組から軟派のワイドショーに至るまで、あるいは、新聞も、雑誌も、全てが日馬富士の事件ばかりになった。あれは、そんなに大事なことなのか。もちろん暴行自体はいけないことです。けれども、テレビも新聞も雑誌も連日のように報道しなければいけなかったのか今でも疑問です。私が担当していた「報道特集」だけは、絶対にやるなよと言って、一回もやりませんでした。

それから、同月のトランプ米大統領来日のときの報道です。アメリカのトップが来たわけですから、外交上、おもてなしをするのはいい。でも、やり過ぎなのではないかと私は思いました。おもてなしを前面に出して親密さを強調するばかりで、きちんと報じるべきことが全く伝えられていない。

それから、もう一つ、本来、報じるべきことが報じられていないという意味で言うと、大相撲とか、あるいはトランプ訪日フィーバーの陰で、実はすごく大事なことが起きているのに、報じられていない。その代表が沖縄です。沖縄は日常的に非常に大変なことが起きています。

例えば、沖縄では空から窓が降ってくるんです。ちょっとシュールな沖縄の詩人、山之口貘《ばく》だったら何と書いたでしょうか。二〇一七年一二月一三日、宜野湾《ぎのわん》市の普天間《ふてんま》第二小学校の校庭に、学校上空を飛んでいた米軍ヘリの窓が落ちてきた。窓の重さは約八キロ。しかも、周囲十何メートルぐらいの範囲のところに約五〇人の児童が校庭で学習中だった。私が想像するに、あれがもし、関東で起きていたら大変な騒ぎになっていたと思います。

東京を中心に出している新聞の編集長とか、テレビのニュース番組の編集長の中に、沖縄だからしようがないよみたいな思いが、もしかしてあって、こういうものがきちんと報じられていなかったのではないか。そんな懸念が私の心のどこかにあります。

三権分立の壊死《えし》

なぜこうなったか。二〇一七年一〇月に、総選挙がありました。この総選挙の結果、一強政治がより強化された。そして、二〇一八年九月の自民党総裁選では安倍晋三が三選されて、二〇二一年九月までの任期になりました。このまま続くと佐藤栄作が持っている記録が更新されて、戦後最長の内閣になる。

この現象をどう見るか。一番納得がいったのは、朝日新聞の大野博人《ひろひと》編集委員が、総選挙の結果について「立法府の敗北である」と分析した論説です（二〇一七年一〇月二九日朝刊）。つまり、野党の自滅とか、そういうレベルの話ではなく、実は立法府の敗北こそがこの総選挙の結果の本質ではないかということですが、私もそのとおりだと思いました。

立法府の敗北の結果、何が起きるか。三権分立という、権力を分立させて暴走を防ぐ民主主義の基本が壊死している状況になった。三権分立が壊死しているような状況になったときに何が起こるか。司法が機能不全に陥って、裁判所がほとんど行政の追認機関となって、ろくな判決が出ない。原発問題もしかり、それから一票の格差をめぐる選挙権の訴訟しかり、ろくな判決が出ない。何のために裁判所があるのかわからない、そういう状況が続いている。

もう一つは捜査機関です。警察とか検察のような司法捜査機関が行政の御用機関になってしまっている。行政に都合の悪いようなことは捜査しないとか、あるいは、捜査機関が行政に都合の悪いことは捜査をもみ消すとかというような、そういう非常によくないことが起きている。

今の与党を合わせると議席が三分の二以上になっているんですけど、こういう状況の中で、ほとんど立法府が機能しなくなっています。立法府はますます形骸化して、国会は単なる数合わせのセレモニー、通過トンネル機関になってしまっている。

例えば、衆議院予算委員会では野党の質問時間を制限しようという話が与党から出て、実際そうなりました。これは全くひどい話で、これまで慣例的には、与党には行政との質問、打ち合わせの時間が与えられているから、野党には質問時間をより多く与えてきちんと法案のチェックをさせる、そういう機能がありました。大体、野党は八で、与党が二ぐらいだった。それがあろうことか、獲得した議席数に比例するような質問時間にしたらどうだ、という議論を与党側がしてきた。これはとんでもないことです。

こうして立法府が形骸化する中で、行政府の独裁化がどんどん進んでいく。その背景にあるのは人事権です。内閣人事局をつくって役人の人事をコントロールする。そういうことをやると、権力にすり寄るような役人がいっぱい出てきて、権力の私物化とか腐敗が生まれ、森友学園あるいは加計《かけ》学園の問題とか、スパコンの問題とか、権力腐敗が出てきた。

忖度《そんたく》の蔓延《まんえん》するテレビ

三権分立が壊死した中であらわれてきたのが、実はメディアの衰退でした。メディアが衰退して御用化している。今起きている一番の現象は、萎縮、忖度、自主規制。「忖度」という言葉は、なかなか難しい言葉です。これが二〇一七年の流行語大賞に選ばれた。その背景を聞いたらおもしろくて、「もし、これを選ばなかったら、きっと何かやられるだろうな」と忖度して、忖度を選んだというのです。つまり日本人的な忖度、上の意向を慮《おもんぱか》って、言われる前に自分のほうでやる。これは笑いごとではなく、日本人の社会に特徴的な性格だと思います。

よく、「安倍一強の官邸権力が介入して報道の自由を奪おうとしている」みたいなことを言う人がいます。私は、それは違うと思うんです。今、日本で起きていることは、メディアが自発的隷従によって監視機能をみずから放棄している。つまり、強い力によって抑えつけられているのではなくて、自分のほうから進んですり寄っていって、監視機能というメディア本来の役割を放棄している。

モンテーニュの友達であるエティエンヌ・ド・ラ・ボエシが一六世紀に書いた『自発的隷従論』（ちくま学芸文庫）という本があります。まるで日本の今のことを言っているみたいな感じで、とてもおもしろい本です。ぜひ皆さん、読まれるといいと思います。

加計学園問題で、前川喜平元文部科学事務次官が告発に踏み切る直前に、読売新聞が「前川前次官　出会い系バー通い」という記事を出しました（二〇一七年五月二二日朝刊）。御用化するメディアの典型です。こういう記事を読売の社会部の記者が書くのかとあきれました。きっと誰かの意向を忖度して、それに沿うような形でつくった記事だろうなと思います。

また、トランプ訪日時のＮＨＫ「ニュースウオッチ９」を見ていて、腹が立ちました。トランプ大統領が日本に来たときに、安倍首相とステーキを食べに行った。そこで女性リポーターが、その店に行って、同じ部屋に入り、同じ席に座って、同じものを注文するわけです。お店の人が出てきて、「トランプ大統領が安倍首相の座っている側に皿を数センチずらしたんですよ」って、すごいことのように言っている。「皿の位置をずらす」とテロップが流れ、なおかつ、「〝シンゾー〟〝ドナルド〟初来日 目立つ親密さ」というテロップがずっと出続けている。それが終わったら、メインキャスターの二人が、トランプがその後に歴訪した韓国、中国の各首脳と二人だけで会った時間との差を示して、「日本は約五時間、中国はもっと短い、韓国はもっと短い。トランプと安倍晋三がいた時間はこんなに長いんだ」と延々と解説した。これで終わったかと思ったら、NHK政治部の官邸キャップの記者が、「この親密さは前例がないほどとてもすばらしいことです」という解説をやっている。

民放だってこんなことはやりません。普通なら、スタッフから「ちょっと編集長、これはやり過ぎだ、恥ずかしいからやめましょうよ」という声が上がるものです。それが健全な放送の制作現場です。ところが、これを延々とトップで、十何分もやっていたのを見て、情けなくなりました。

失われた転機

そもそも、なぜこんなことが起きたのか、自分なりに長期的な視点で考えてみました。

日本はそれなりの紆余曲折《うよきょくせつ》を経て近代国家を形づくった上で、日本のあり方を変えられる転機、日本があらためて生き直さなければいけないような転機があったと私は思う。私たち一人一人の人生にも、いろいろな転機があると思います。一人の人の人生はたかだか七〇年とか八〇年でしょう。それでは、明治一五〇年と言われる日本の近代を考えるときに、転機とは何だったのだろうか。

日本近代の転機として典型的なものは、八・一五と三・一一だろうと私は考えました。一九四五年の八・一五は戦争の廃墟《はいきょ》から日本が生き直す最大のチャンスだった。そして、生き直した。焼け跡から日本人は立ち上がったではないですか。以来、私たちは戦後という尺度で生きてきた。

けれども、あのときに敗戦を終戦と言いかえて、占領軍も進駐軍あるいは解放軍と言いかえて、戦争責任を自ら徹底的に追及することなく、自分たちの力で独立を勝ち取らなかった。それは、八・一五のあり方で言うとやむを得ない面ももちろんあります。敗戦国だから。しかし、敗戦国の国民として、前の生き方は間違っていたからこそ、徹底的に自分たちの生き方を変えるチャンスだったのではないかと、私は思っています。

もう一つ、二〇一一年の三・一一。日本が高度経済成長を遂げて、アジアの中でそれなりの地位を占める国になった後に、あんな自然災害が襲ってくるとは、誰も思わなかったでしょう。戦後を歩んできた日本にとっては、ああいう自然災害が、自分たちの生き方を問い直すチャンスだったと思うのです。

あのときの被害の映像が、今でも頭の中にあります。津波が押し寄せて、あらゆるものを呑《の》み込んでいく映像を子供たちも見ている。あれは、「人間がつくったものなんて、自然の力の前では何て無力なんだろう、何と意味がないんだろう」ということが心の中に刻み込まれるような、すごい映像だった。多くの日本人が「崩壊感覚」のようなものを実感させられたのではないか。

そして、原発の炉心溶融事故が起きた。世界でも最悪の原発過酷事故です。われわれが生きている間に廃炉は終わらない。自分たちが原発エネルギーを得ながらここまでやってきた生き方を変えなければいけない転機だったのではないか。

ところが、転機どころか、ものすごい反動が起きて、あの事故がまるでなかったかのような記憶の抹消作用が働いています。事故直後は考えられなかった原発再稼働が「国策」として次々に決められ、今や新たな原発安全神話さえつくられつつあります。政治で言うと、あの事故によって民主党政権が引きずりおろされました。あのときの首相は菅直人《かんなおと》氏でしたが、まるで菅首相が原発事故を起こしたような責任の問われ方は、実にひどいものでした。当時の政治部記者たちの動き方を私は見ていて、ひどいな、こいつら、こういうことをやるんだと思うような引きずりおろし方だった。その後に野田短期政権を挟んで、今の安倍政権が戻ってきた。

そういう意味で言うと、あの二つの転機は、ものすごく大きかったと思っています。

電波は国民のもの

メディアが御用機関化してしまったせいで、御用記者が闊歩《かっぽ》しているというのが、私の認識です。批判的な質問をきちんとぶつける記者はいなくなりました。ほんとうにひどい話です。

二〇一六年三月に、テレビのニュース番組のキャスターが三人同時にかわりました。岸井成格《しげただ》さん（TBS「NEWS23」）、古舘伊知郎《ふるたちいちろう》さん（テレビ朝日「報道ステーション」）、それから国谷《くにや》裕子《ひろこ》さん（NHK「クローズアップ現代」）。この三人が同じ時期に降板したのは、それぞれ理由は違いますけれども、私は、何か共通するものがあると思っています。

二〇一六年二月、高市早苗《さなえ》前総務大臣が、「行政の要請にもかかわらず政治的に公平でないことを放送し続ける局に対して、総務大臣は自分の権限で電波停止を命ずることができる」と言い出しました。いったい何を言っているのか。総務省は電波の管理を所掌しているだけであって、電波は総務大臣のものではない。電波は国民のものです。それに対して、私たちが呼びかけて、青木理《おさむ》、大谷昭宏《あきひろ》、岸井成格、田原総一朗、鳥越俊太郎の各氏らと記者会見をやりましたが、反応は鈍かった。

もう一つ、今起きていることで一番ビビッドな話は、東京新聞の望月《もちづき》衣塑子《いそこ》さんの活躍です。

望月さんは社会部の記者ですが、森友学園とか加計学園の問題が起きたときに、政治部の了承を得て、官房長官の記者会見に果敢に乗り込んでいきました。特に加計学園問題で、文科省が「文書はない」と言い続けていたがほんとうか、と厳しく追及した。文科省が折れて、再調査をした。そうしたら、なかったはずの文書が出てきた。再調査の引き金を引いたのが望月さんです。彼女は社会部の記者なので、政治部の記者みたいな、なれ合いがない。徹底的にやる。質問にまともな回答が返ってこないと、「きちんとした回答が返ってこないから私はお聞きしているんです」とちゃんと言える記者なんです。

ところが、彼女があんまり突出したものだから、官房長官記者会見のいわゆる番記者連中から、「俺たちの職分を勝手に荒らしやがって」みたいな、そういう反応が出てきた。彼女を排除しようという動きがあって、官房長官記者会見は記者クラブが主催しているのにもかかわらず、官邸の報道室周辺から、「執拗《しつよう》に質問するのは、ほかの社の迷惑になるからやめていただけないか」という要請が非公式な形で来た。それから、質問時間を制限しようとするような動きが出てきている。これは実際、今起きていることです。こういうことについてメディアが報じようとしない。それどころか、望月記者を名指しで攻撃したマスメディアもあります。

共謀罪法案が審議されているときには、私たち記者仲間で呼びかけて、結局、二〇〇人ぐらい集まって声明文を出したりしましたが、これも、反応は鈍かった。今はもう、共謀罪は可決成立してしまいましたが、これは将来に禍根を残す、大変なことだと思います。

強者におもねるプードルたち

なぜ御用記者というのか。この場合の御用とは、御用商人とか、御用聞きとか、江戸幕府の雇われのことを言うのだそうです。だから、御用記者というのは政府とかお上《かみ》に雇われている、あるいは、お上にパトロンになってもらったりしているような記者たちのことです。もう一つは、態度とか振る舞いから考えてみたときには、権力とか強いものと癒着し一体化して、自発的に隷従し、おもねる、そういう生き方をする記者たちがいる。

そういう人たちのことを、英語でパペットという。指人形・操り人形です。あるいは、プードルという言い方をします。つまり日本で言うとポチですね。

トニー・ブレアがイギリスの首相だった二〇〇四年に、アメリカのホワイトハウスに行って、当時のジョージ・W・ブッシュ大統領と会談しました。ブッシュがイラク戦争を始めたときに、ブレアはいち早くアメリカを支持していて、当時のブレアはブッシュの言いなりになっているような印象でした。首脳会談の後に、ホワイトハウスで記者会見があったのですが、イギリスから同行してきた記者がいきなり手を挙げて、ブッシュ大統領に「ブレア首相はイギリスではプードルと呼ばれているけれど、これについてどう思いますか」と尋ねた。これには、ブレアも頻のあたりが引きつっていました。私は、イギリスの記者はすごいなとぶったまげましたが、そういうことを聞かない記者はダメだし、政治家もそれに対してきちんと答えるような伝統がイギリスにはある。それが記者会見というものです。

プードルと呼ばれるような記者がどういう働きをするかというと、ひたすら宣伝をして、プロパガンダに走って、真実をねじ曲げて、恣意的な解釈をする。その見返りとして何があるかというと、金銭、地位、出世、権力者のミニチュア版の小権力。

実際に、御用記者として有名な人たちの実例を世界的に調べてみました。ニューヨーク・タイムズのウィリアム・レナード・ローレンス記者、この人は一九四六年度のピューリッツァー賞受賞者です。ピューリッツァー賞とは、記者のノーベル賞とも言われる、ジャーナリストにとって最高に名誉の賞ですが、ローレンス記者が何を書いていたかというと、長崎に原爆を投下したときに同行して、長崎にキノコ雲が広がった模様の目撃記事を書いた。原爆を、上から落としたほうの視点から見てこう書いています。「……恐ろしい勢で宇宙の空間から落下する代りに、大地の中から飛び出る流星のように突進し、白雲を突抜いて空へよじ登ってくる如く、どんどん勢を増すのが認められた。それはもはや煙でも、ゴミでもなく、火の雲でもなかった。それは生物だった。新しい種類の生物がわれわれの疑い深い眼前で正に出現したのである」

(『Dawn Over Zero』。邦訳『0《ゼロ》の暁』崎川範行訳、一九五〇年、創元社より)。

私は読んでいてむかむか腹が立ったのですが、ピューリッツァー賞をもらったのです。

この人は、死ぬ前に自伝を書いているんですけど、その自伝の中で、当時、ハリー・トルーマン大統領が出した原爆投下命令の指令書は俺が書いたと言っている。世界中の記者の中で、原爆投下命令の文書を書いたのは俺しかいないだろうと自慢しているのです。あきれてものが言えない。こういう記者からはピューリッツァー賞を剥奪するべきだ、と言っているアメリカの良心的なジャーナリストもいるのですが。

日本でも例はあります。水俣《みなまた》病は戦後最大の公害病ですが、この原因について、熊本大学の医学部が「チッソから出た有機水銀だ」という説を、かなり早い段階で出していました。それに対して、中央の大学の医学部の先生たちが、「田舎の大学に何がわかるんだ」みたいな上から目線で、それを打ち消す学説を出した。そうすると、メディアがそれに乗っかって、有機水銀説は間違いだと報じたりするようなことがありました。御用記者と御用学者が結託したことが、水俣病の認定を遅らせた原因の一つだろうと私は思っています。

それから、福島第一原発の事故が起きた直後にテレビに出ていた「専門家」たちの言葉は、記憶に新しいところです。大気中に排出されている放射線は「全く健康に影響はありません」とか、水素爆発を起こしたときに「あれは爆破弁を開いただけだから全く影響ありません」とか。何を言っているのかと思います。原発は夢のエネルギーだ、という信条を持ってやってきたのは百歩譲って認めたとしても、あの事故があった後に、自分たちはなぜそういう過ちを犯してしまったのかを検証しないで、いったい、どうやって学者なり記者なりという仕事を続けていけるのか。ところが、そういう人たちは頰かむりするんです。

テレビの希望——奮闘する地方局

テレビがひどいということばかり言ってきたので、違う方向のことを言います。

TBSの「JNNニュースコープ」という番組の初代キャスターだった、田英夫《でんひでお》という人がいました。もとは共同通信社の社会部長だった人です。実は、私がTBSに入りたいと思ったのは、田英夫の「ニュースコープ」を見て、こういう局のニュースをやりたいなと思ったからです。

この人は、ベトナム戦争のときに、北ベトナムにいち早く入って「ハノイ 田英夫の証言」という有名な番組をつくりました。ところが、それが当時の自民党政権の逆鱗《げきりん》に触れた。佐藤栄作政権はアメリカが北ベトナムを空爆する作戦を支持していて、なおかつ、沖縄から爆撃機がどんどん出撃していた。それに対して、田英夫は爆撃される側からのリポートをやった。何ていうことをしてくれたんだ、という話になって、田英夫は解任されました。

しかし、田英夫がやった北ベトナムリポートは、今も歴史に残る非常に貴重なものです。戦争を、攻撃する側からではなくて、攻撃される側からも報道することで、戦争被害の実態もわかるし、戦争とはどういうものだということを語っている。その意味で、戦争報道の中で歴史に残るものだと私は思っています。

次は、テレビも捨てたものではないという希望を抱けるような話です。

富山県にチューリップテレビというTBS系のテレビ局があります。富山にはNHK富山放送局、北日本放送（日本テレビ系）、富山テレビ（フジテレビ系）がありましたが、それまでTBS系列がなかった。一九九〇年にできたチューリップテレビは、一番の後発局です。

チューリップテレビは小さい局ですが、その局の報道部が、二〇一六年に富山市議会議員の政務活動費について、こつこつと情報開示請求をやっていた。すると議会事務局から、資料のコピー代だけで一五万円ぐらいの請求がきたというのです。しかし地方局にとって、コピー代に一五万円もかけるのは上司から怒られるレベルの話です。みんなでどうしようかと悩んでいたら、そのときの部長がなかなかの人で、「わかった、一五万円のもとを取るような、ちゃんとした調査をしろよ」と声をかけて許してくれた。それで、みんな頑張った。

その報道部員の中に、記者経験が二年目ぐらいの、それまで営業部にいた若い記者がいました。お金の計算とか、領収書をチェックするのが得意な人です。その記者が、情報開示請求で出てきた莫大《ばくだい》な数の領収書を片っ端から見ていたら、あれ、おかしいな、と思うものがいっぱい出てきた。記者は、領収書の発行元に「額面はこういう数字だけれどもほんとうはいくらでしたか」とか、「そのときこの人はほんとうにお店に来ましたか」と、自分の足で聞いて回った。あまりにも真面目に取材したものだから、先方でもちゃんと答えてくれた。この日は来てないよとか、これは白紙で渡したとか、全部、正直に言ってくれた。

その記者がまたおもしろいことに、領収書を提出した議員の家に朝行って、「チューリップテレビですけど、これ、うそでしょう」と直接聞いて回るという、ものすごく愚直なことをやった。そうしたら、向こうもうろたえて、ごまかすためにうそをつく。うそにうそを重ねると、どこかで破綻するものです。結局、うそがばれて、それを放送したら大変なことになった。同じようなことをやっていた議員が全部で一四人いて、全員やめたのです。この政務活動費の調査報道が引き金になって、全国でそういうことを調査しようということになった。

テレビ報道の原点を見せつけられたような気がしました。チューリップテレビはこの調査報道で二〇一七年に日本記者クラブ賞特別賞、日本ジャーナリスト会議（ＪＣＪ）賞、それから菊池寛賞までとりました。本人たちはびっくりしていましたが、これは、希望を抱かせる力になるだろうと思います。

頑張れ「NHKスペシャル」

もう一つの希望はNHKです。これまでNHKの悪口ばかり言ってすいませんでした。二〇一七年夏の「NHKスペシャル」はすばらしくて、私はNHKの悪口ばかり言っていた人間ですが、これには頭が下がって、もう褒める文章を書きまくりました。

九月一〇日放送の「スクープドキュメント　沖縄と核」。これは第二次世界大戦後のアメリカ統治下の沖縄に核兵器が一三〇〇発配備されていたということ、それから、沖縄の米軍基地から、那覇《なは》港沖に向けて核弾頭が装備されたミサイルが間違って発射された事故があったことを明らかにしました。そのミサイルがもし起爆していたら、広島級の核弾頭を装備していたのですから、那覇という都市は地球上から消えていたでしょう。

同年八月一五日放送の「戦慄の記録　インパール」。これがまた、すごい作品でした。太平洋戦争における最も無謀な作戦＝インパール作戦のために、兵隊たちが飢え死にしたり、病死したり、三万人とも言われる将兵が命を落としたひどい話です。それを現地に行って調査し、そのときに生き残った人、死んだ人も含めて、丹念に取材した。現地で作戦を計画実行した牟《む》田口廉也《たぐちれんや》という司令官に仕えていた齋藤博圀《さいとうひろくに》さん（当時は少尉）という、牟田口のもとで日誌をつけ、戦後に回想録を書いた人を捜し当てて、その人の証言で番組は終わるのですが、それを見ていて私はもう胸がいっぱいになった。NHKすごいぞ、頑張れ、って思ったくらいです。最後に証言した齋藤さんは放送後まもなくして亡くなりました。つまり、ぎりぎりの段階で間に合ったということです。亡くなっていたら、そういう証言をとれなかったわけですから。すごいことだなと思います。

同年八月一三日放送の「731部隊の真実――エリート医学者と人体実験」。これもすごかった。旧ソ連のハバロフスク裁判で裁かれた731部隊員の証言が、音声テープで残っていたのです。柄沢十三夫《からさわとみお》という当時の軍医が抑留されて、自分の犯した罪をハバロフスク裁判で延々と証言している、その音声テープをNHKは見つけてきた。私はそれを見て、悔しくて悔しくて……。

なぜかというと、私は一九九一年から九四年までモスクワ特派員でした。そのときに、実はハバロフスク裁判のことを調べました。紙の資料を入手して、自分で原稿を書いて報道した。でも、まさか音声テープが残っているなんて思いもよらなかった。それをNHKは見つけてきた。その音声を聞いたら、やはり本人たちの肉声には、すごい力がある。特にこの柄沢十三夫という人は、実は日本に帰ってくる直前に自殺したそうですが、医者としての良心を自分に問うている証言で、これは聞いていていて、やはり胸に迫りました。

そういうものをNHKは出してきた。やはり私は「NHKスペシャル」頑張れと言いたい。

これは希望だなと思っています。

筑紫哲也《ちくしてつや》の遺言

二〇一八年は、私のお師匠さんだと思っている筑紫哲也さんが亡くなってからもう一〇年です。筑紫哲也さんのことを、もう若い人は知りません。

筑紫さんが言っていたことは、まず、事実の正確かつ迅速な伝達。知る権利を行使するために私らは働いているわけですから、これは報道の基本的な仕事です。次は、議題設定。今、優先的に市民が考えるべき議題は何なのだろうか。日馬富士のことか？　パンダの名前のことか？　考えるべきことは何かを、メディアが設定することが大事なのです。

そして、筑紫さんは最後にテレビに生出演した「筑紫哲也ＮＥＷＳ23」の「多事争論」で、次の言葉を遺《のこ》しました。二〇〇八年三月二八日の放送です。

- 力の強い者、大きな権力に対する監視の役を果たそうとすること。
- とかくひとつの方向に流れやすいこの国の中で、少数派であることを怖れないこと。
- 多様な意見や立場を登場させることで、この社会に自由の気風を保つこと。

筑紫さんはこの三つを「NEWS23のDNA」と呼んでいました。そして、このDNAはこれからも受け継がれていくだろうと言い残してこの世を去りました。

このときもう、白血球が五〇〇しかなくて、抗がん剤で髪も全部抜けていて、普通だと立っていられない、放送なんかできない状況でした。これが最後の「多事争論」です。だから、これは私たちに対しての遺言だと思っています。

【対談】

姜　今日は、大所高所から日本のメディアを取り巻く問題点、それから、実際のメディアの具体的な現場の生々しい話、さらには、決して批判だけでは終わらせずに、テレビの可能性も提示していただきました。

金平さんにお聞きしたいのは、筑紫さんが亡くなられて一〇年ということだったんですが、この一〇年間、御用メディア、御用学者、御用記者、あるいは御用ジャーナリストという人々が跋扈《ばっこ》するようになって、数の上でも増えてきているという実感はありますか。

金平　確実に増えてきていると思います。突っかえ棒とか支えみたいな人たちがだんだん亡くなっていくでしょう。例えば原寿雄《としお》さんとか、それから筑紫さんとか。西部邁《すすむ》さんだって、思想、信条は全く逆だったりするけれども、ちゃんと筋を通してものを言う。西部さんが、亡くなる前に「日本人はJAP.COMの社員だ」という言い方をしていた。まるで日本がアメリカの属国民となってしまったようで、国家が株式会社化して、効率的な働き方をするやつ以外は価値がないというような、とてもよくない価値観が植えつけられている。そういう日本のあり方について、JAP.COMとは、言い得て妙だと思います。

そういう筋を通す人たちが消えていく。要するに、ジャーナリズムの世界の基本みたいなものが失われていくと、そうではないところで生きていく人たちが増えてくる。それが今起きている現象であると思います。

姜　その場合に、冷笑主義というか、シニシズムというか、あるいは、そもそもそういうことを考えないでジャーナリズムの中に入ってくる若い人たちが増えているということでしょうか。

金平　私は、若い人はそんなに捨てたものではないと思っています。むしろ組織とか共同体とか、そういうところにシニシズムというか、世間はそんなもんじゃねえんだよ、というような、ある種の抑圧が広がっているような気がします。

姜　筑紫さんが最後に言ったことを一〇年たって聞くと、ほんとうに一つ一つの言葉が身にしみる。金平さんの中に、これまで四〇年近く仕事をしてきて、やはりこの一〇年はメディアの現場にいる人間にとっては一番ひどい状況だという印象がありますか。

金平　筑紫さんの言葉を聞くと、やはりつらいんですよね。それはなぜかというと、あの中で、たいまつは受け継がれますと言った。でも、言いたくはないですけど、たいまつを受け継ぎ損なった。筑紫さんはあんなに真っ当なことを遺言みたいにして言ったわけですが、今、全く真逆なことをやっているわけです。権力を監視するのではなくて、御用記者ばかりになり、少数派の視点ではなく、多数派にすり寄るようになり、多様な意見ではなく、一色に染まりましょうとなり、つまり、逆の方向に行っている。言いにくいことですが、かつて筑紫さんとともに仕事をしてきて、忠臣気取りだった人たちまでが、次々に先ほど言った「NEWS23のDNA」をかなぐり捨てていった。彼ら彼女らは何か踏み絵を踏まされたかのように次々に「転向」していったように私は感じました。悲しいことです。

それに対して、何か歯止めをかけるようなことができないかと考えています。それは、小さい局が頑張っていたりとか、それから、勇気のあるやつが声を出し合ったりとか、ささやかでも、結局、個人のネットワークしかない。たまたま所属している組織ではなく、NHKのあいつとか、朝日新聞のあいつとか、産経新聞のあいつとか、沖縄タイムスのあいつとか、取材をする上で信用できて、なおかつ、少なくとも何か筋を通す人たちのネットワークは案外、強いんだなと、最近考えるようになりました。

だから、知り合った人と、長く続けられるネットワークみたいなものをつくり上げていくのは大事な作業だなと思うようになりましたね。

姜　それはやはり組織でどうだというのではなくて、金平さんがパーソナルな、個人的なつながりを大切にされたからですね。

金平　私は偉そうに言いながら、組織の中でラッキーだったことがいっぱいある。人が行けないところに行ったり、あるいは、モスクワとかワシントンとかニューヨークに行けたりしたのはすごくラッキーで、それを支えてくれた人がいたからだと思うんです。

ただ、その経験を生かして社会に返していくには、会社を離れて、社会や市民に対して、そういうような形で恩返しするほかないのだと思います。

私たちは知る権利に奉仕しているわけです。知る権利とは、ジャーナリスト個人、あるいはテレビ局とか新聞社という一組織にあるのではなくて、市民社会から知る権利を負託されたということになって、はじめて意味があるのだと思うんですよ。

私も、あとどれぐらい番組にかかわっているかわかりませんが、多分、こういう仕事は、一旦かかわってしまうと、おそらく死ぬまでやるという話になってしまうのかもしれないという覚悟はだんだんできてきました。体の動く限り、現場に行って取材をして、ものを出していくつもりです。しかし、日々の取材生活の中で、心は揺れ動き続いています。

第六回　日本における「メディア不信」、その行方

林　香里

〔はやし・かおり〕

東京大学大学院情報学環教授。一九六三年生まれ。社会情報学博士。ロイター通信東京支局記者、バンベルク大学客員研究員などを経て、二〇〇九年九月より現職。公益財団法人東京大学新聞社理事長、ドイツ日本研究所顧問、BPO（放送倫理・番組向上機構）・放送人権委員会委員などを歴任。二〇一六年四月〜二〇一七年三月までノースウェスタン大学、ロンドン大学ゴールドスミスカレッジ、ベルリン自由大学客員研究員。著書に『〈オンナ・コドモ〉のジャーナリズム』（岩波書店）、『メディア不信――何が問われているのか』（岩波新書）など。

（講義日　二〇一八年二月六日）

モデレーター／一色　清

一色　林香里さんは東京大学大学院情報学環教授で、ジャーナリズムを専門にされておられます。また三年間、ロイター通信の記者をしておられたので、ジャーナリズムの現場もご存じです。

二〇一六年から二〇一七年、アメリカ、イギリス、ドイツの三カ国を一年間かけて廻《まわ》り、海外のジャーナリズム事情を研究されました。その成果を、岩波書店から『メディア不信』という本にまとめておられます。

今回の講師陣の中では、研究者は林さんだけですので、アカデミズムから見る現在のジャーナリズムの問題についてお話をしていただこうと思います。

林　ご紹介にあずかりました林香里です。東京大学大学院情報学環という、ちょっと不思議な名前の組織におりますが、一九九二年までは新聞研究所という名前でした。その後、社会情報研究所という名前に変わりまして、二〇〇四年には情報学環と合併しました。

この情報学環は、私のような文系の人間のほかに、コンピュータ・サイエンスなどを専門にする理系の先生たちなどもいて、文理融合の大きな部局です。「情報」という現象を捉えることが、人文学・社会学的な知識だけでは追いつかなくなっており、技術的な知識も必要となってきました。日進月歩で進歩する情報科学がもたらす新たな現象を、従来のメディア研究とつなぎながら学問的につかまえていくのがこの組織の役割です。

【講演】

日本のマスメディアの高い権威・影響・情報・信頼

先ほど一色さんが紹介してくださったように、二〇一七年に岩波書店から『メディア不信――何が問われているのか』という新書を出しました。

私たちにとって「メディア不信」とは何なのか、あるいは社会にとって「メディア不信」とはどういう現象なのでしょうか。

日本のマスメディアは、依然として強い影響力があります。あるレストランがテレビで取り上げられた翌日、そのお店の前に行列ができるなどがよい例です。私がテレビに出たときは、実家の母と父に電話をすると、必ず録画をとって、何回も繰り返し見たり、あるいは新聞でコメントが出たとなると、近くの販売店に一〇部とか買いに行ったりするわけです(笑)。

メディアからの情報は、私たちに重要な知識を提供するとともに、社会の規範やルールをつくり、権威を生む情報源です。また、トランプ大統領が何を言ったとか、アメリカとイスラエルの関係はどうなるかということは、メディアの情報としてしか入ってきません。つまり、どんなに高度にデジタル情報化が進んでも、私たちはマスメディアに頼らざるを得ない。とくにそういった遠い国からの情報の一つひとつを、いちいち疑ってかかる人はいません。学生の就職先としても、大手マスコミ各社は、憧れの職場としてまだまだ人気も高い。つまりマスメディアは依然として権威なのです。

他方で、「マスゴミ」という言葉があるように、批判の声も強い。よく聞く言葉は「既得権益保持者」。国有地の払い下げで安く土地を譲られてビルを建てているとか、再販制度維持、軽減税率適用などを優遇措置として批判する人もいます。

さらに、メディアに無断でプライバシーを暴露されたり、名誉や人権を傷つけられたりという「報道被害」という問題が、最近私たちの身近なところで起こっています。私はＢＰＯ(Broadcasting Ethics & Program Improvement Organization＝放送倫理・番組向上機構)の「放送と人権等権利に関する委員会（放送人権委員会）」の委員を務めたことがありますが、一般の方からの苦情申し立ては絶えることなく、問題も複雑化しており、大変な仕事でした。

たとえば、ずいぶん前になりますが、「和歌山カレー事件」をご記憶でしょうか。当時、大勢の記者たちが容疑者の住宅周辺に殺到し、しかも脚立をたてて住宅に向けてカメラを構えました。事件の当事者だけではなく、周辺近所にも社会生活が困難になるほどの迷惑をかけ、非常に不評を買いました。この前後から「メディア・スクラム（集団的過熱取材）」という言葉が取り上げられるようになりました。こういったことはメディアに対する不信感につながります。

今日では、このように、メディアには毀誉褒貶《きよほうへん》が交錯するわけです。こうした状況をふまえた上で、「メディア不信」というテーマに入ります。

テレビ

まず、日本のマスメディアについて、簡単におさらいをして、その上で、メディアの信頼度調査のデータを見たいと思います。

日本の放送事業ですが、とくにテレビについてお話しします。

日本のテレビ放送事業の中心は地上波放送ですが、その事業者は、NHKと五大キー局、そして、準キー局・ローカル系列局に分けられます。日本には、いわゆる全国放送はNHKしかありません。あとは「民放」ですが、それらは基本はローカル局です。フジテレビとか日テレとかTBSなどは、全国放送のように見えますが、関東のローカル局です。ところが、地方の放送局は、夕方のニュースやローカルニュース以外、ほとんどのコンテンツを東京キー局のものをそのまま配信するという構造になっています。現在、ローカル局の自主番組制作比率は平均で一〇%台と言われています。

「民放」と公共放送の二元体制というのも、日本の放送制度の特徴です。戦後、放送が再開する際に、GHQ（連合国軍最高司令官総司令部）の指導で戦前の国営放送を特殊法人「日本放送協会（NHK）」として改組すると同時に、「国営」独占体制を完全に廃止させ、NHKを相対化するために、民間による商業放送（民放）を設立しました。現在、一般的に使われる「民放」という言葉は、この「民間による」動きの名残となっています。つまり、「民間」という言葉は、NHKがそれまで国営だったので、お上《かみ》の国営に対して、もっと民間に近い放送局をつくろうという理念がありました。それで、あえて「民放」と名乗ったわけです。政府ではなく民間の放送局、プライベート・ブロードキャスティングであれば、ほんとうは非営利団体による放送局があってもいいはずですが、実際はそうはならず、現在の日本で「民放」と言えば、市場原理で動く商業放送だけです。つまり、現在の日本の放送市場は商業放送と公共放送の二本立て、これが特徴です。

民放

民放は、放送番組をあまりつくっていません。企画はしますが、実際に現場で制作しているのは、下請けの番組制作会社が多いのです。東京キー局は、制作会社に仕事を発注し、実際の番組は制作会社がつくっています。そして、現場では、テレビ局の社員も制作会社の社員も同じような仕事をしていても、制作会社の社員の給与は格段に安く、下請けとして過酷な労働条件を強いられています。いま、私はその研究を始めていますが、なかなか食い込めないところです。情報開示もないですし、放送局も番組制作会社もなかなか実情を言いたがりません。

浮田哲氏（現在羽衣《はごろも》国際大学教授）が二〇〇八年度に上智大学に提出した修士論文によりますと、ある有名な報道番組の現場では、制作会社が現場スタッフの八〇％以上を占めており、関わっているテレビ局員は五名しかいなかったことがわかりました。また、別の番組では、スタッフ一〇一名中、八七名が制作会社のスタッフだったとのことです。

テレビ番組は大勢でつくるものです。カメラマンをはじめ、編集、音声など、いろいろな技術をもっている人がいて、その中にはフリーランスの方もたくさんいらっしゃる。こういう方たちの中に、給与や待遇格差がある。つまり、下請け、孫請けといった中間搾取構造による過酷な労働条件の中で、意思疎通もうまくいかず、命令系統や責任体系もあいまいなまま、スケジュールに追われてつい安易な番組をつくってしまったりということが起こるのです。

また、お金の流れから言えば、スポンサー企業が広告代理店に支払ったお金は実際に制作会社には十分渡らないという報告もあります（中野明著『図解入門業界研究　最新放送業界の動向とカラクリがよくわかる本〔第4版〕』秀和システム）。電波料や広告製作費など、どんどんマージンを取られて、番組をほんとうにつくっている人のところにはお金が十分に届かない。しかも、短期間で番組を仕上げなくてはいけないというプレッシャーもあり、問題になる番組ができ上がってしまうわけです。

広告と視聴率

もう一つ、テレビ番組で難しいところは、コマーシャルの問題です。民放のコマーシャルには、タイム広告とスポット広告があるというのは、皆さんご存じですか。スポット広告というのは、一つの番組が終わって、次の番組が始まるまでのすき間に流れる一五秒ほどの短い広告を言います。これは、テレビの創成期に次の番組を準備する間に流すものとして始まったものですが、最近はかなり増え、コマーシャルの主流となっています。これに対して、タイム広告とは、スポンサーの広告で、「提供は○○」などと番組の前と後に社名などが出されるものです。現在のところ、ローカル放送局の売り上げでは、タイムが四割でスポットが六割だということです（日本民間放送連盟「民放ローカル局経営の現状について」〈二〇一八年〉より）。

スポット広告に関しては、GRP（延べ視聴率）というものがあります。これがなかなかくせ者で、ある企業が、スポット広告を出す場合、二〇〇〇GRPでお願いします、と言ったとします。それで、スポット広告をつくって流してもらうわけですが、GRPというのは、流す回数×世帯視聴率なんです。ですから、視聴率が高ければ、たくさんの回数を流さなくてもいい。二〇〇〇GRPのうち視聴率が高ければ高いほど、流す回数は少なくてすむので、平均視聴率の高い放送局ほどスポット広告の回転が速くなり、効率よく多くのスポット広告を取ることができて、収入もアップすることになります。このシステムが現代の番組編成を大きく左右するわけです。

最近、たとえば七時ちょうどからではなく、十数分後から始まる番組がありますよね。その理由は、七時から別番組だとわかると、視聴者に対して七時にチャンネルを変えようとする動機を与えてしまいます。しかし、知らない間に番組が続けば、とりあえずチャンネルは変えずに、次のすき間のスポット広告まで視聴者を引っ張ることができ、視聴率の高止まりが狙える。あのような中途半端な時間から始まる番組編成は、決して視聴者のためではなく、スポット・コマーシャルの儲《もう》けを維持するためのものなのです。

この仕組みはさらに、番組内容にも及びます。たとえば、ゴールデンタイムに真面目なドキュメンタリーをやりたいと思っても、それができにくくなるのです。なぜなら、人気のバラエティ番組の次に真面目なドキュメンタリーにしてしまうと、視聴者の多くがチャンネルを変えてしまうリスクが高くなります。しかし、放送局側はGRPを高止まりさせなくてはいけない。

こうして結局、ゴールデンタイムには手軽に視聴率が取れる無難な娯楽番組が多くなり、冒険ができなくなる。そして、テレビ全体、だんだん番組の質が平準化していくわけです。骨太のドキュメンタリーが午前一時から、という現象はこのためです。しかし、こうして、一般の人がテレビを見る時間は、どのチャンネルでも同じようなタレントによる同じようなバラエティが多くなっていき、やがて視聴者に飽きられ、テレビ離れが進み、メディア不信も高くなっていくことになります。

さらに、現在では、「テレビを見る」と一口で言っても、多くの視聴者は録画で見ることが多くなりました。それによって、コマーシャルが飛ばされて、どんどん見られなくなっています。そうするとこんどは、番組の中にもコマーシャルを流すような工夫や仕掛けがつくられる。これをプロダクトプレイスメントと言いますが、「お菓子総選挙」とか「商品開発部」と銘打って、企業とのタイアップで番組そのものがコマーシャルみたいな番組も増えてきました。

新聞

新聞には、また違う問題があります。新聞の部数のピークは一九九七年でした。当時、五四〇〇万部近くを発行していましたが、二〇一八年には四〇〇〇万部を割りました。これは、一九七〇年代後半の水準です。さらに問題なのは広告収入です。広告収入も、新聞のほうは、大

図1　追い上げるネット広告

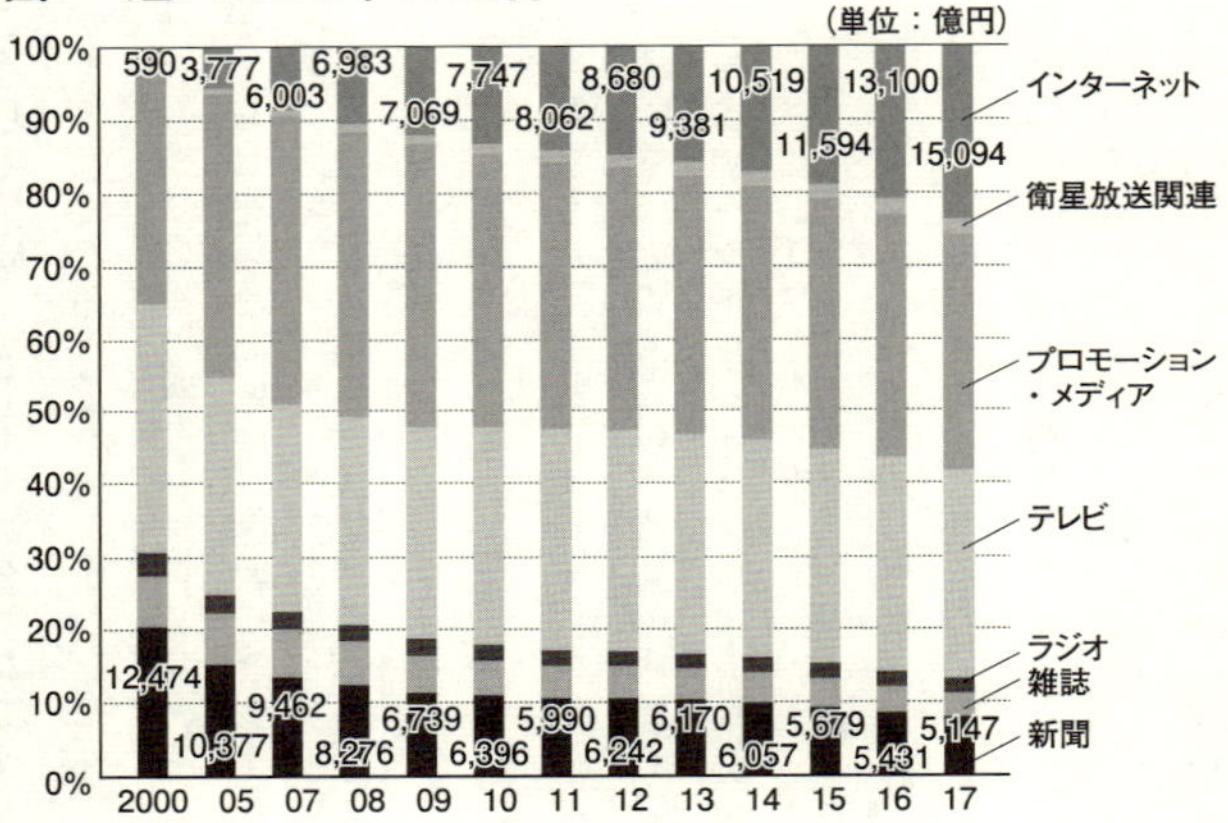

出典：電通「日本の広告費」

幅に減少しており、既に二〇〇九年にネット広告に抜かれました。【図1】でもわかるように、新聞、雑誌といった紙媒体は、ネットに追い上げられており、二〇〇〇年代に比べて半減しています。

ただ、日本の新聞の発行部数はそれでも堅調で、海外に比べると、まだまだぜいたくな悩みだと言われてはいます。

日本の新聞市場の特徴は、全発行部数の半分ぐらいが全国紙で占められていることです。読売新聞の発行部数は、長らく公称で一〇〇〇万部と言われてきました。読売新聞グループ本社代表取締役主筆の渡邉恒雄《わたなべつねお》氏の車のナンバーは「1000」なんだそうです（笑）。ほんとうかどうかわかりませんが、一〇〇〇万部というのはそのくらい、シンボル的数字です。読売に続いて、朝日は公称八〇〇万部、毎日は公称三五〇万部、などと言われてきました。すべて一〇〇万部単位です。さらに、日本のメディアの特徴と言えば、新聞社と放送局とが系列関係にあるということです。それは、全国紙とキー局が系列であると同時に、地方紙とローカル局同士が系列だったり、全国紙とローカル局とが提携していたりと入り組んでおり、こうして見ると、日本の言論の運営主体は、多様性に乏しいということが明らかになります。このような多様性の欠如は、自由な民主主義社会にとって大いに問題です。

ちなみに、ドイツの場合、二〇〇八年の統計によりますと、約七五％の新聞が六万部以下の地方紙でした（Bundesverband Deutscher Zeitungsverleger e.V., *Die deutschen Zeitungen in Zahlen und Daten* 2010）。これに対して日本では、読売新聞の発行部数は一〇〇〇万部などと言われていたわけですから、六万部という数字はほんとうに少ない。そして、ドイツの新聞の題号は三五二ありますが、二〇万部以上発行している新聞は、このうち一一紙だけです。なお、日本の新聞社は長らく三割ほどを広告収入に依存してきました。いまは二割程度。ドイツの新聞社は長らく六割ほどでしたが、二〇一六年のデータでは三割五分ほどまで下がっています。これに対してアメリカの新聞は、リーマンショック前までは八割以上を広告収入に依存していましたが、現在は、六割程度。二〇〇六年から二〇一二年の間に広告収入は実に半減しています（Pew Research Center, 2018, Newspapers Fact Sheet）。広告に依存するということは、外的な経済

図2　組織への信頼：「とても信頼している」「少しは信頼している」の回答の合計

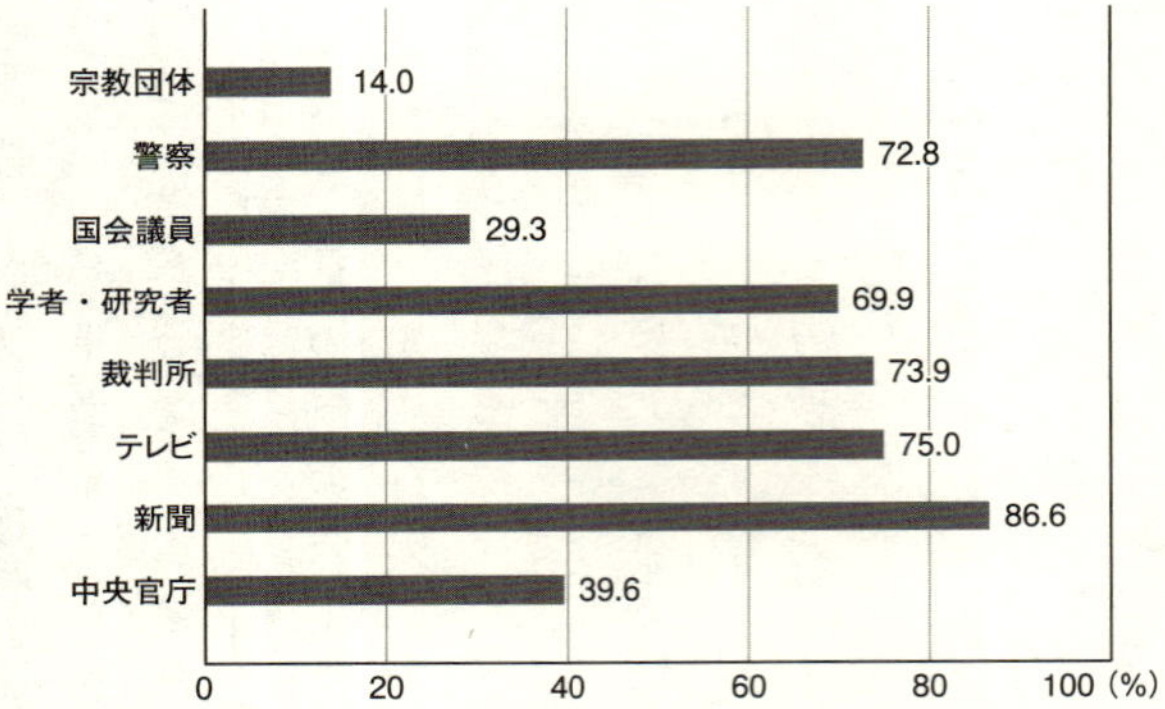

出典：日本版 General Social Surveys〈JGSS-2008〉

要因、つまり景気や社会変動に大きく左右されることを意味しますが、アメリカの新聞は世界でももっとも大変な状況にあることが窺《うかが》えます。

また、アメリカでは二〇〇四年から二〇一四年の間に新聞社が一二六社も消滅しています。新聞がない地方都市が出現しているということで、非常に危機感をもたれています。さらに、それに伴って、一九九四年から二〇一四年の二〇年間で、フルタイム雇用の記者のポストも約四〇％減っています（Pew Research Center, State of the Media 2016）。日本では、新聞社が倒産したという話はほとんど聞きませんよね。アメリカの新聞社は、自由競争の中にさらされていますから、消滅したり、合併したり、買収されたりということが

図3　日本のメディアへの信頼

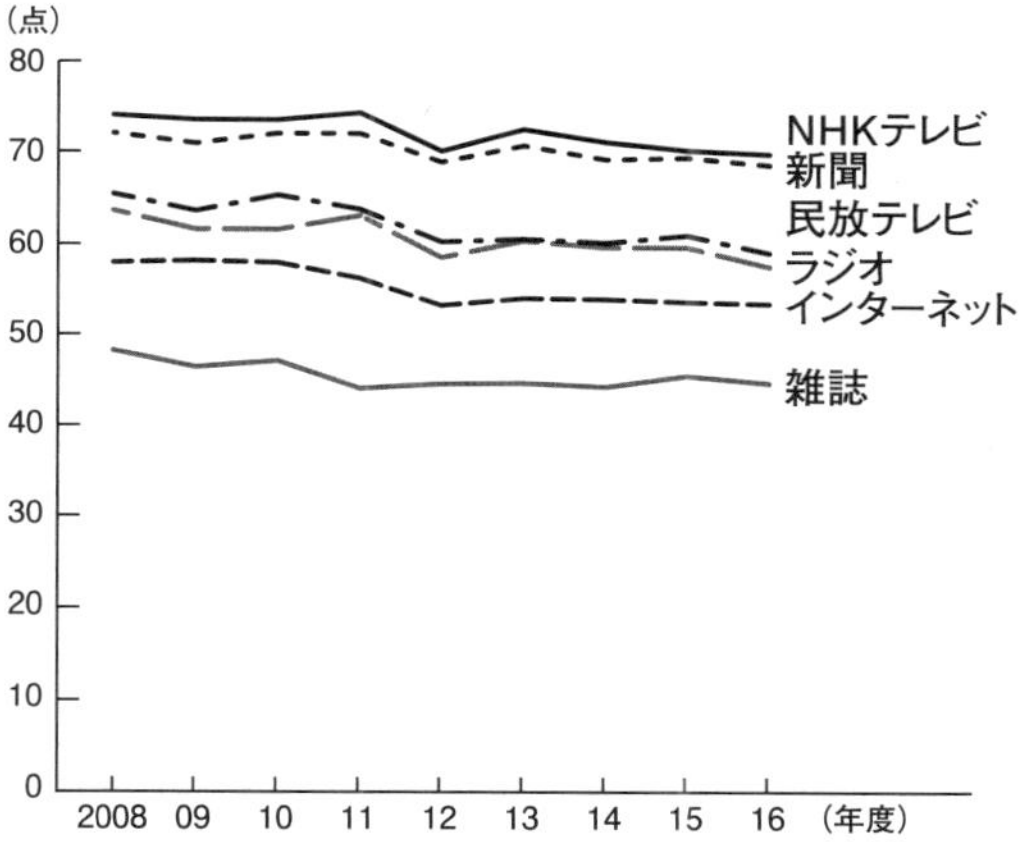

各メディアの情報をどの程度信頼しているかを、全面的に信頼している場合は100点、全く信頼をしていない場合は0点、普通の場合は50点として点数をつけてもらったところ、平均点が最も高かったのは「NHKテレビ」で69.8点、次いで「新聞」が68.6点、「民放テレビ」が59.1点となっている。

出典：第9回メディアに関する全国世論調査（2016年）
／公益財団法人 新聞通信調査会

頻繁に起こっています。

各国メディアの信頼度

日本のマスメディアは信頼度が高いと言われています。約一〇年前の調査ですが（【図2】）、日本国内の調査を見ると、「とても信頼している」、あるいは「少しは信頼している」人は、新聞が八六・六％、テレビも七五・〇％います。一方、学者・研究者への信頼は六九・九％ですから、新聞やテレビは、研究者よりも信頼されていることになります。

このように、日本ではメディ

アが信頼されていますが、この「信頼」とは何なのかを考えてみたいと思います。

日本の新聞通信調査会でもメディアの信頼度が調査されています（【図3】）。この調査によると、日本では、ＮＨＫテレビと新聞が同じ程度、かなり信頼されていると読み取れます。

そして、ＮＨＫや新聞に比べると、民放テレビの信頼度は、低い。ラジオもそんなに高くありません。そして、インターネットも信頼されていない。雑誌はもっと信頼されていない。週刊誌などはスキャンダル記事で注目されることが多いですが、電車の中吊《なかづ》り広告の見出しを見て買ってみたら、大したことは書いていなかったという経験が多くの方にあるのではないでしょうか。

ここで注目したいのは、ＮＨＫのように受信料を徴収している公共放送と、広告や販売部数で生きている商業的な新聞が同程度の信頼度だということです。市場原理に左右されないＮＨＫは、新聞よりもう少し信頼度が高くてもいいのではないでしょうか。あるいは、逆に言えば、自由な言論媒体で好みも分かれるはずの新聞が、ここまで広くまんべんなく信頼度が高いのは、日本の新聞の特徴と言えます。

たとえば、ドイツの場合を見てみると、テレビとラジオの信頼度が非常に高い。これは、公共放送が放送制度の中心となっていて、評価されている。それに比べると、新聞は、商業的な自由競争の中で、いろいろな意見紙があるので、そこまでは全般的に信頼されていない。新聞は信頼というよりは論争のメディアであり、政治信条などによって好みが分かれる媒体として受け止められているのです。

日本では、週刊誌が信頼されていないと言いましたが、日本の週刊誌も、どちらかというと信頼のメディアでなく、論争のメディアと言えるでしょう。また、インターネットも、論争のメディアです。

イギリスでは、テレビとラジオが信頼度が高い（林『メディア不信』第二章）。これは、公共放送BBCが圧倒的に信頼されているからです。イギリスで特徴的なのは、新聞がインターネットよりも信頼されていないことです。これは、先のドイツと同様、新聞が政治的意見によって読者が異なり、非常に党派的であることが一つ。さらに、イギリスの場合、王室のスキャンダルなどを常に追いかけている大衆紙が多くあるからです。これらの大衆紙は、労働者階級のアイデンティティにもつながっていて、お澄ましをした上流階級を揶揄《やゆ》する労働者たちのメディアとして親しまれてきました。これも、論争のメディアです。

アメリカの場合は、同じようなデータがありませんが、新聞とテレビが同レベルの信頼度です（林、前掲書　第三章）。このことから、アメリカの新聞とテレビのあり方は、ヨーロッパとは異なることがわかります。つまり、アメリカでは新聞も放送も、両方とも商業メディアです。大きな公共放送はありませんし、「売れる」ニュースにどちらも貪欲です。

こうして見ると、信頼度というのは、高いか低いかというよりも、メディアが社会でどういう役割を果たしているかということが見えてくる一つの指標だと言えます。信頼されていることは確かにいいことではありますが、では、たとえば、北朝鮮に行って、「労働新聞」、あるいは中国に行って「人民日報」を信頼していますかと調査したら、多くの人がひとまずは「信頼している」と答えるのではないかと思います。したがって、信頼されていることと、それがジャーナリズムとしてよいものかどうか、社会でやるべきことをやっているのかどうか、私たち市民にとって望ましいことかどうかということは別の問題です。すなわち、信頼度だけが、ジャーナリズムの質を示す指標ではありません。この点、社会で多くの誤解があるように思います。メディア企業の経営者にとっては、信頼されているほうがメディアを利用してもらえるのでいいのですが、私たち利用者から見ると、「信頼」って何なんだといま一度問い直すことが重要です。

すなわち、自由な民主主義社会では、いろいろなメディアがある中で、私たちにとってどのような情報が大切かということを一人ひとりが吟味しながら、メディアの特徴やクセ、得意分野を判断しないといけません。「一般的に信頼されているから」「大手会社のメディアだから」という理由で信頼するのは危険です。

いろいろなメディアがあり、いろいろな意見が出され、それらをめぐって議論がある国。それこそが、アメリカ、ドイツ、イギリス、日本も含めた自由な国のあかしだと言えます。ですから、信頼度も重要ですが、多くのメディアが共存し、いろいろなものの見方や意見が共存している状態が望ましいわけです。そして、その多様性の源泉は、政治的に右か左かとか、保守的なのか、革新的なのかだけではなく、社会のさまざまなグループの声、とくに、何らかの理由で声を上げることができないマイノリティの人たちの考えや意見をきちんと受け止めて反映しているかどうかが重要です。こうしたメディアと社会の緊密な関係こそが、結局はメディアの社会的価値なのです。

右派メディア、左派メディアと信頼度

オックスフォード大学ロイター・ジャーナリズム研究所が二〇一七年版「デジタル・ニュース・レポート」のために、「あなたはご自分を政治的に右派だと位置づけますか、中道だと位置づけますか、左派だと位置づけますか」と質問したアンケート調査を各国で行いました。そのデータによりますと、「中道です」と答えたのは、ドイツは三六・五%、イギリスは一九・七%、アメリカは一五%ですが、日本は六一・五%にも上りました（データは非公開）。政治的に極論をもたない人が多い日本では、メディアでもあまり論争を好まない傾向があるように思います。

図4　アメリカのマスメディアへの信頼度

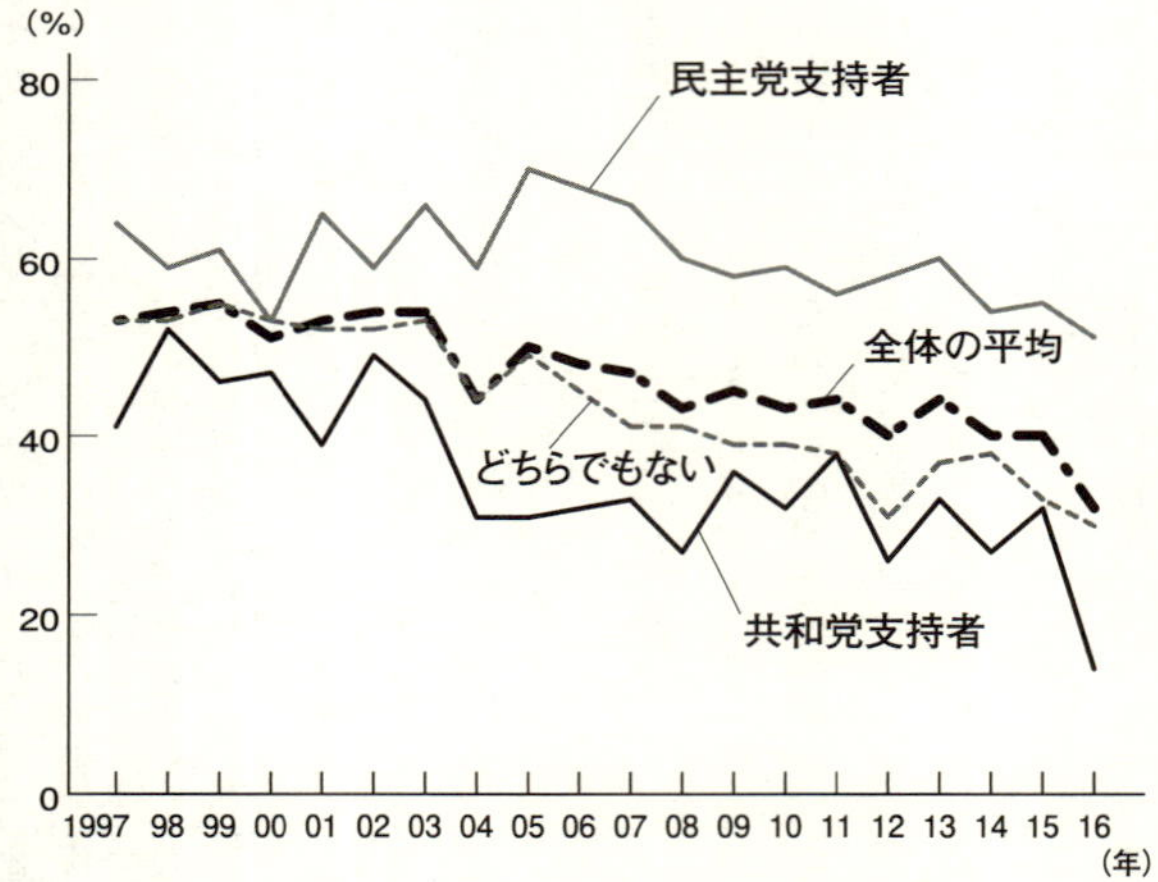

出典：Americans' Trust in Mass Media Sinks to New Low by Art Swift September 14, 2016

アメリカの民主党は左派と位置づけられるわけですけれども、左派の人のほうがメディアへの信頼度が高くて、右派の共和党の人は、メディアを信頼していないという人が多い。最近のグラフ（【図4】）では、共和党支持者と民主党支持者とでは、メディアの信頼度が明らかに違っています。グラフから見ると、アメリカでは明らかに民主党支持者のほうがメディアを信頼しています。それは結局、アメリカでは、民主党の意見に近いメディアが多いということになるかと思います。

ドイツもどちらかと言うと、左派の人のほうが右派の人よりもメディアを信頼していると言えるかと思います

（林、前掲書 第一章）。

イギリスは、どちらかと言うと左派のほうがあまりメディアを信頼していません（林、前掲書 第二章）。これは、先ほど言ったように、保守的な志向の大衆タブロイド紙の存在が大きいです。こうした大衆紙は、イギリスの皇室の暴露記事も書きますが、ＥＵ離脱や移民・難民受け入れ反対などの、ポピュリズムというか、保守的な言論を支持するものが多いのです。左派の人たちは、そういうメディアを嫌います。そうした全体的な状況がここから読み取れます。

しかし、なんと言っても、先に示したようにアメリカのメディアの党派性が顕著です。アメリカは二大政党制ということもあって、もともと二極分解しやすく、右派の人が左派的な論調のメディアを嫌っています。ですから、トランプ大統領がＣＮＮやニューヨーク・タイムズを名指しで「フェイクニュースだ」と攻撃しますが、彼はそういうことを言っても、自分の支持者たちがよくぞ言ってくれたと拍手喝采することを知っているのです。

日本人は政治信条を問われると「中道」と答える人が多く、メディアの信頼度調査から、メディアの意見傾向や、それに付随する政治意見の分布状況を読み取ることは難しいです。

マイメディアがある欧米、メディアの違いを意識しない日本

日本のメディア不信の特徴は、むしろ、不信というよりは、人々がメディアとニュースとを

あまり区別していないことです。先ほど言及したロイター・ジャーナリズム研究所の国際比較調査で、「メディアのニュースのほとんどをほぼ信頼しますか」という聞き方をすると、信頼するという人が、ドイツでは五〇％で三六カ国中七位、日本は四三％で一七位。イギリスも四三％で日本と同位、アメリカは三八％で二八位です。

次に、聞き方を変えて「あなたはあなたが毎日見ているニュースを信頼しますか」と聞くと、ドイツは五八％で三六カ国中六位、アメリカは前の質問より五三％に増えて一三位に浮上します。イギリスは五一％で一九位。しかし、日本は四四％で、全体としては二八位に下がります。日本は、一般的な「メディア」のニュースを信頼すると答えた割合と、「自分が使うメディア」のニュースを信頼すると答えた割合がほとんど変わらないのです。おそらく、日本の多くの回答者は、なぜこの二つの問いを尋ねられるのか、わからなかったかもしれません（ロイター研究所「デジタル・ニュース・レポート二〇一七」より）。

欧米諸国では、人々は政治信条やライフスタイルに合ったマイメディアを選択しています。私は左派だから「ニューヨーク・タイムズ」を読みます、私は右派だからFOXニュースしか見ませんというように、自分の政治信条や価値観に合ったメディアを選んでいる人が多い。実際、アメリカのテレビFOXニュースでは、トランプ大統領のことをとても大目に見る司会者が出てきたりします。しかし、日本では受け手側がそうした政治傾向を意識してメディアを選び取っているという感覚が薄い。とくに、日本の放送制度は、テレビは「政治的に公平であること」と放送法で義務づけていますから、論争的な報道は避けられています。アメリカにはそういう規則がありませんから、テレビでも、あからさまな意見傾向をもつ報道をする。どちらの国がいいかどうかは別ですが、こうした違いがあるのです。

しかし、日本でも、欧米流の「マイメディア」の兆しはあります。その好例は産経新聞です。産経新聞の場合は、これはある調査会社が調査したものですけれども、記事が信頼できるからとか、論調や考え方に共感できるから購読していると答える人の割合が、ほかの全国紙より高いのです（林、前掲書 第四章）。今後、朝日新聞、読売新聞、毎日新聞もこのように政治的意見傾向をより前面に打ち出すことが増えていくでしょうか。皆さんは、どう思われますか。

先週ニュースについて話をしましたか

ロイター・ジャーナリズム研究所の国際比較調査（二〇一七年）をさらに引用しますと、「先週、ニュースの話を、友だちや同僚と一切何もしなかった」と回答した人の割合は、日本では六二％に上りましたが、アメリカでは二六％しかいませんでした（データは非公開）。つまり、アメリカでは、七～八割の人が一週間のうち、政治のことをしゃべったり、情報交換したりしたと答えている。これに対して日本は、六割以上の人が、ニュースについて話題にせずに一週間過ごしたと答えている状況です。

インターネットが普及して手軽に他人と情報交換することが可能になりましたが、日本では、オンライン上でニュースを議論したという人も少ないです。日本で「先週、オンライン上で政治の議論をした」と答えた人は全体の五％しかいませんでした。ドイツもオンライン上の討論はあまり好きではないお国柄ですが（八％）、そのかわり対面で話をすると答えた人は三〇％いました。これに対して日本では対面で議論したと答えた人は一九％でした。このように、日本では西欧諸国に比べてニュースを交換したり、議論したりする文化が根付いていないように思います。

一般的に日本の市民は、ニュースにも、知識としては関心はあるのですが、自分の問題として議論するような雰囲気がない。ですから、日本人の多くは、マイメディアをもたない。オンラインでもオフラインでも政治の議論をしない。また、日本では、メディア企業が取材体制から経済的環境まできわめて特権的な地位にあるために、企業としても他国と比べて盤石で、淘《とう》汰《た》も少ない。アメリカのように、記者たちの知らない間にカジノの帝王に自分の新聞が乗っ取られていたといった状況は日本ではあり得ませんから、メディアに対する危機感も薄いと思います。今日も明日もあさっても、朝日新聞も日本テレビも同じような状態で存在し、それらは倒産しない。日本では、メディアは、水道やガスや電気のような公共施設、つまりインフラストラクチャーのようなもので、蛇口をひねれば水が出てくるように、スイッチを押せばニュースが流れ、朝起きれば新聞が届いている。つまり「あるのが当たり前」の感じがあります。

ただ、先ほどお話ししたように、日本でも右派にマイメディアの兆しがあって、産経新聞が朝日新聞を標的に批判を繰り返すなどの状況が目立っています。また、そうした右派論調は一般市民の「草の根」ナショナリズム的感情を刺激し、大衆迎合主義に加担するような動きにもつながっています。さらに、近年、若い世代は新聞をほとんど読まなくなっています（二〇代の平日の平均新聞閲読時間は〇・三分〈二〇一七年総務省調べ〉）。若い人たちは、自分たちの好きなネットサイトを読んだり、ソーシャルメディア経由で情報を選んだりしているのかもしれません。それらを考え合わせると、これまでのような、あたかも水や空気のようなメディアのあり方は変容しつつあります。今後、右派の動きも含めて、メディアと社会の関係がどう発展していくかはわかりませんが、注目すべき現象であることはまちがいないでしょう。

現代の「世論操作」

そのような状況の中で、実はいま、かつてのような、独裁者によるプロパガンダといったイメージとは違う形での世論操作が行われています。

有名な例で言いますと、アメリカの大富豪ロバート・マーサーは、大手ヘッジファンドのC

EOで、トランプ政権誕生の陰の立役者の一人です。マーサーは、データ分析をもとに投資戦略を立てて収益を上げ、巨額の富を築きました。マーサーは、こうしたデータ分析をもとにした投資で儲けてきたスペシャリストなのです。彼はその経験から、政治もビッグデータ分析をもとに操作し、成功に導くことができると考え、トランプ政権の選挙参謀となったケンブリッジ・アナリティカ（以下CA社）というコンサルティング会社に多額の資金を提供しました。このCA社は、二〇一六年のアメリカ大統領選の際にフェイスブックの情報データを無断で使用して親トランプの世論形成を主導したと報道されました。その後、同社は批判を浴びて二〇一八年五月に業務を停止しました。

CA社は、人々の政治傾向や意見分布をフェイスブックから得たビッグデータによって見事に調査分析したと言われており、一躍有名になりました。CA社の副社長は次のように言っています。「水曜日の雨の朝に投票所に行かせることと、いつも使っている歯磨き粉のブランドを変えることとは、さほど変わりはない」（Financial Times, Sept. 29, 2017より）。たとえば、ある選挙区で共和党候補者を強化したいと決めたら、その地域のさまざまな関連データを徹底的に収集・分析して共和党に有利な選挙キャンペーンを打ち、さらにその地域の人になるべく投票所に行かせるような仕掛けをつくり出して、共和党支持を増やしたと言われています。

これは、いろいろなやり方があるようですが、たとえば、フェイスブックを使っているとすれば、私の場合、自分の勤務先とか、さらには写真も載せています。ですから、何歳ぐらいで、女性で、大学に勤めていることもわかるし、友だちが誰かというのもわかります。さらに、私はネットショッピングでトイレットペーパーや洗剤から缶詰まで買っていますし、本もたくさん買いますから、私がどのような生活なのか、何を考えているのか。フェイスブックやアマゾンは、おそらく私のことを私より知っているのではないでしょうか。

そして私が、たとえば、どこかで特定の政党の支持者と知り合いになったとして、フェイスブックの友だち申請をされて、ま、いいやとプチっと押して友だちになると、こんどはその人に私のデータのほとんどが渡るわけです。しかも私だけではなくて、私の友だちのデータも引き出されていく。そのデータと、さらには住民登録などの公的データをはじめ、入手可能なありとあらゆるデータを糾合し、マッチングしていくと、その人の関心事や人となりがいろいろと見えてくる。それをもとに、政治意見を誘導する。これがいま風の世論操作です。かつてのように独裁者が聴衆の前で煽動《せんどう》的に演説をぶって意見操作するスタイルではなく、人々は日常の中で少しずつデータによって操作されていく。これはマイクロ・プロパガンダとも呼ばれる手法で、アメリカの二〇一六年の大統領選で使われていました。

図5　ドイツ極右政党のポスター「ドイツよ自信を持て！」

ドイツの超極右政党の議席獲得

これは、アメリカだけの話ではありません。

皆さんもよくご存じのとおり、ドイツはナチスの歴史を「過去の克服」と位置づけて、歴史の負の遺産を徹底的に反省してきた国です。ドイツでは、戦後一貫してナチスを想起させるようなナショナリズムをタブーとしてきました。ところが、二〇一七年九月の連邦議会選挙では、ドイツのナショナリズムを主導する極右政党が躍進し、連邦議会で一三％の議席を獲得しました。これは戦後のドイツを知る人間にとっては衝撃的な出来事で、ドイツ戦後史上の事件です。そして、この極右政党の躍進の背後にも、やはりネットメディアを使った広報戦略がありました。

ドイツでは、ナチスの過去の経緯から、これまで右翼政党の宣伝に協力する広告会社が現れませんでした。というのも、右翼思想はあまりにタブーなので、企業の存続に関わり、誰も手を出さなかったためです。しかし、今回の選挙では、アメリカのトランプ政権誕生やイギリスのEU離脱キャンペーンを応援していたPR会社ハリス・メディア社がこの政党の広報戦略を担当し、勝利に導きました。さまざまなネット戦略とともに、女性を中心としたソフトなイメージのポスター（【図5】）をつくるなど、以前のドイツでは考えられなかったようなPRが展開されました。

ロボットがツイートする世論操作

また、二〇一六年、イギリスでEUへの残留か離脱かを問う国民投票がありましたが、その際に、EU離脱を支持する内容のツイートをロシアからロボットで四万五〇〇〇回自動送信したということがわかっています。こうした自動送信の仕組みをボット（bot）・ツイートと言い、これを使って特定のニュースや意見を大量に拡散すれば、ほかのツイートは目立たなくなります。こうして対抗意見を抑圧し、不可視化することができるわけです。

アメリカ大統領選挙のときも、こうしたツイート作戦が展開されました。ロシアからトランプ候補のプロフィールを好ましいものにするようなツイートが大量に流れており、ロシアが何らかの形でプロパガンダ活動に加担していたことがわかっています。ロシアからはまた、民主党のマイナス・イメージのツイートも大量に流れていました。こうしたボットによる自動送信の大量ツイートも、意見の操作をするマイクロ・プロパガンダで、世論操作の一つと言われています。

監視の手綱を緩めてはいけない

私はジャーナリズムを教える立場から、学生たちに、ジャーナリズムの第一の任務は、権力を監視することだと話してきました。しかし、現代社会では、監視すべき権力はどこにあるのでしょうか。首相や大統領？　それとも国会？　いえ、それだけではなくなっているように思います。むしろ、「権力」とは何なのかが、非常に見えにくくなっています。つまり、先にお話ししたような、ボットによる自動送信ツイートはどこから出てきたのかわからないし、広告会社によるプロパガンダを監視しようと思っても、その広告会社自体、どの国の会社かもわからない。また、グーグルやフェイスブックに集まるデータが誰の手に渡ってどう活用されているのかも不透明です。とくにこうした情報テック企業は私企業であるため、その内部の活動を開示する義務がない。したがって、市民が監視する術《すべ》もない。また、こうしたグローバル企業が提供する情報プラットフォームは、政治家から自治体、企業、一般人まであらゆる人が利用しており、いつのまにか日常生活の一部となっています。

メディア社会の未来ということを考えますと、私たちが選んだ政治家が市民社会のためにやるべきことをやっているか、一部の利権や有力企業のためだけに便宜を図っていないかをチェックし監視するメディアは必要です。しかし、こうした状況ですと、従来のように記者クラブに詰めて記者会見を開いたり、いわゆる「夜討ち朝駆け」で政治家の家の前で張り込んでリーク情報を取ったりとかというようなレベルで権力を監視するだけでは、まったく十分ではない時代に入っています。

それどころか、逆に私たちのほうが、ますます権力に監視される立場に置かれています。PASMO《パスモ》やSuica《スイカ》などの交通ICカードによって行動が全部記録され、クレジットカードと連携して個人情報がどんどん蓄積されています。さらに、誰がどこで何を何のために監視しているのかについてきちんと問われないままに、街頭や公共空間に監視カメラがたくさん設置されて、私たちの行動は見張られています。

国際的な権力としてグーグル、フェイスブックが情報空間を支配し、どこに本社があるのかわからないような広告会社がアメリカ、イギリス、ドイツと国境を越えて営業して選挙結果に影響を与え、世界のポピュリズムに勢いをつけました。そういう動きに突っ込んでいくようなジャーナリズムはいまどこにあるのか。敵はなかなか手強《てごわ》い。パナマ文書の調査報道など、グローバル化する社会に対応したジャーナリストたちの国際的なコラボレーションも生まれていて希望の光もあります。しかし、いずれにしても、デジタル化とグローバル化の中、権力のあり方は変化しています。ますます不可視化され、抽象化され、そして日常に遍在するようになった「権力」に対して、ジャーナリズムは監視の手綱を緩めてはいけないというのが今日の結論です。

【Q&A】

一色　国境なき記者団が発表する報道の自由度ランキングがあります。二〇一七年発表のランキングでは、一八〇カ国中ドイツが一六位、イギリスが四〇位、アメリカが四三位、そして、日本が七二位です（二〇一八年は日本六七位）。安倍政権とテレビの関係、特定秘密保護法成立など、いろいろなことがあってここまで下がってきているのでしょうけれども、低すぎるようにも思いますが、どうなのでしょうか。

林　報道の自由度ランキングが日本にとって不当に低いという意見は、とくにマスメディアの内部から常に聞こえてくる批判です。自分たちはスクープも飛ばし、権力からも距離を置き、ジャーナリズムがやるべきことをやっているじゃないかと。

たぶんその点ではある程度正しいのですが、日本のジャーナリズムが海外から常に批判される点として、組織内部の極端な不透明さと閉鎖性があると思います。記者クラブはその象徴として語られてきましたが、記者クラブだけではありません。日本のメディア企業は、会社単位が基本で、それぞれ独特のしきたりや慣行に支配され、出世の道も記者や編集者としての力量というよりは、「生え抜き」の調整型が優先されています。

さらに問題なのは、出世し、何らかの決定権をもつ記者のほとんどが、大学卒の終身雇用されている日本人男性だということです。これは外に開かれていないという、もっとも端的な証左ではないでしょうか。多様なバックグラウンドの人たちによってさまざまな言論・表現が生み出されるというのが「報道の自由度」の重要な指標の一つですが、日本のジャーナリズムはそれをまったく満たしていない。決められたメニューの中でスクープを飛ばし、業績を残していますが、全体の構造はまだまだ自由でオープンとは言い難いと思います。

Q　日本の公共放送と、他国の公共放送ではどのような違いがあるのか、公共放送であるNHKは今後どうあるべきか、をお聞きしたいと思います。

林　私は以前、イギリス、ドイツ、日本、韓国の公共放送と商業放送によるロンドン・オリンピックの開会式のニュースの比較研究をしたことがあります。すると、たとえばドイツの公共放送は、日本のNHKのように、「ニッポン頑張れ」といった国名の連呼はなかったことが印象深かったです。これに対して日本の公共放送であるNHKは、日本のための公共放送だから日本を支えなくてはいけないという自己理解が強く、オリンピックとなると完全にナショナリズム的発想で放送している。開会式では、やれ日本が入場しました、日本選手が見えましたというように、日本中心の「国営放送」みたいになっていました。

少なくとも、ヨーロッパ的な発想の「公共性」は、そのようなナショナリズムと直結はしません。公共性はむしろ、理念としては普遍的な、地球市民のコスモポリタニズムのようなものにつながっています。ですから、日本の公共放送とヨーロッパの公共放送の違いは、「公共性」概念の理解の違いから出ています。ナショナリズム的な発想の日本の公共放送と、コスモポリタニズム的な理解のヨーロッパの公共放送という差でしょうか。実際にはほかにもいろいろありますが、理念としてはそのような違いがあるということです。

そうすると二つ目のご質問の、NHKはどうあるべきかという話につながっていくわけですが、公共放送としてのNHKは、日本に在住する人たちの受信料で成り立っています。ですから、その人たちのための放送であるべきでしょう。そうであるならば、受信料を払っているのは決して日本人だけではないはずです。日本に在住する外国籍の人もいて、その人口はますます増えているわけですから、「ニッポン」に終始しない、より広い人道的な見地からの放送番組がもっとあってもよいのではないでしょうか。たとえば、海外では公共放送は多言語でニュースを放送しています。日本でしたら、英語だけでなく、中国語、ハングル、ポルトガル語などの放送があってもいいはずです。政府や日本企業の代弁者にならず、多様な市民の目線から番組を提供することが公共放送の本領であるべきというのが私の意見です。

第七回　フェイクニュースの正体——ネット・メディア・社会

平　和博

〔たいら・かずひろ〕
朝日新聞IT専門記者（デジタルウオッチャー）。一九六二年生まれ。一九八六年、朝日新聞入社。社会部、米シリコンバレー駐在、科学グループデスク、編集委員などを経て現職。二〇年以上にわたり、インターネットと社会の変化をテーマに取材。個人ブログ「新聞紙学的」。新著『悪のAI論――あなたはここまで支配されている』（朝日新書）。ほかに著書『信じてはいけない――民主主義を壊すフェイクニュースの正体』『朝日新聞記者のネット情報活用術』（いずれも朝日新書）、訳書に『あなたがメディア！――ソーシャル新時代の情報術』（ダン・ギルモア、朝日新聞出版）、『ブログ――世界を変える個人メディア』（ダン・ギルモア、朝日新聞社）。

（講義日　二〇一八年二月二〇日）

モデレーター／姜尚中

【講演】

朝日新聞の平です。フェイクニュースという言葉は、テレビなどでよく聞かれると思います。それが一体どういうもので、なぜ話題になっているのか。今日は大まかに、フェイクニュースの現状と歴史、一体何が問題なのか、なぜそんなことが起きるのか、今後どうしたらいいのか、という四つのポイントでお話しします。

ニュースの体裁をとった真っ赤なうそ

まず、代表的なフェイクニュースの例を挙げます。二〇一六年のアメリカの大統領選で、ローマ法王が共和党候補者だったドナルド・トランプ氏の支持を表明した、という情報が流れました。ニュースのような体裁をとっていますけど、これは真っ赤なうそです。真っ赤なうそなんですが、ソーシャルメディアの中では、これが一〇〇万回以上も共有されました。一番広がったフェイクニュースの例と言われています。

このようなフェイクニュースを使って、ロシアがアメリカの大統領選に介入したのではないか、という「ロシア疑惑」がトランプ政権を揺るがしています。この「ロシア疑惑」の捜査を続けているアメリカの司法省が、二〇一八年二月一六日、その実行犯と見られているロシア人関係者一三人、関係した会社三社を起訴したという発表をしています。起訴状の中では、ロシアが選挙に介入し、その手立てとしてフェイクニュースを使った、と指摘されています。

今度は日本の例です。二〇一七年一〇月に総選挙がありました。このときもネットを見ていると、おかしな情報がかなり飛び交っていました。その一つが、今、立憲民主党の国会対策委員長をしている辻元《つじもと》清美氏が、小池新党と言われていた希望の党に「公認申請を出して断られていた」。もう一つはそのとき新しくできた立憲民主党という党名が、「実は既に商標登録済みだった」というお話。それから総選挙に絡んで、「国連が選挙監視団を派遣するのを安倍首相が断った」というお話も流れていました。これらはすべて事実ではありません。フェイクニュース、つまりデマです。そういったものがネットに流れて、拡散していました。日本でもフェイクニュースは他人事《ひとごと》ではなかったということです。

アメリカの話ですが、最新の人工知能、ＡＩを使って、ポルノ動画を有名な女優さんの顔写真に差し替えたフェイク動画を作成し、それをネットに拡散させる「ディープフェイクス」という新しい動きが出ています。これは専用のプログラムをネット掲示板で公開した人がいて、そこから拡散しているようです。

つまりフェイクニュースは今や、文章でネットに拡散するものだけでなく、本物のように見える動画まであり、さらにそこにはＡＩが絡んでいるという、非常に複雑なことになっている。

これが最新の状況です。

フェイクニュースとは何か

オーストラリアの『マッコーリー』という英語辞典が、二〇一六年を代表する言葉として「フェイクニュース」を選びました。そこでフェイクニュースとは何か、という定義をしています。「政治目的や、ウェブサイトへのアクセスを増やすために、サイトから配信される偽情報やデマ。ソーシャルメディアによって拡散される間違った情報」（筆者訳、以後同）。

非常に的確な定義だと思うので、これをフェイクニュースを考える手がかりにしていきます。まず、フェイクニュースの目的です。ここではその目的を大きく二つ掲げています。

一つは政治目的。先ほどの「ロシア疑惑」が代表的な例です。ロシアがアメリカ大統領選に介入し、民主党候補だったヒラリー・クリントン氏の当選を阻止して、トランプ氏の当選を後押しする。そのためにフェイクニュースを拡散させた、と言われています。

もう一つがウェブサイトのアクセス狙い。これは何かと言うと、広告収入を稼ごうという経済的な目的です。ウェブサイトに人がたくさん来ると、広告を多くの人に見てもらえる。それだけ広告収入が得られるというわけです。

政治目的と経済目的、これがフェイクニュースを流す大きな狙いになります。

昔からデマとかうそを流す人はいました。何が違うのかというと、拡散する舞台です。今はそれが、フェイスブックやツイッターなどのソーシャルメディアです。偽のアカウントを大量につくって、そこから偽情報やデマをどんどん拡散させていくわけです。

ほかにもフェイクニュースを定義している辞書があります。イギリスの英語辞典『コリンズ』です。二〇一七年の言葉として、やはり「フェイクニュース」を選んでおり、こちらは「ニュース報道に見せかけて拡散される虚偽の、しばしばセンセーショナルな情報」と、先ほどの『マッコーリー』に比べると、やや幅の広い定義をしています。

フェイクニュースと合わせて、「ポストトゥルース（脱真実）」という言葉が同じような意味として使われていました。イギリスの英語辞典『オックスフォード』が二〇一六年の言葉に選んで、こんな風に定義しています。「世論の形成において、客観的な事実よりも、感情や個人的信条へのアピールが影響力を持つ状況」。

事実が重んじられない、むしろ感情に重きを置いてしまう、そういう状況を表しています。我々新聞記者は、「事実が重要」と教育されますが、その事実が軽んじられてしまう状況、それがポストトゥルースという言葉で表現されています。

古代ローマ時代から

フェイクニュースのような動きは、歴史上どれぐらいまでさかのぼれるのか。実は、古代ローマ時代に似たようなことをやっていたという例があります。

古代ローマの政治家アントニウスは、エジプト女王のクレオパトラと手を組みました。これに対して、後の初代ローマ皇帝となるオクタヴィアヌス（アウグストゥス）が情報戦を仕掛けた。「アントニウスは美女クレオパトラに骨抜きにされている」と、そういうフェイクニュースを流したのです。

そのとき何を使ったかというと、コインです。コインの周りにフェイクニュースを鋳込んで、これをばらまくことで拡散させていった。オクタヴィアヌスは、言ってみればローマ時代のツイッターとして、コインを使っていたわけです。

時代がぐっと下がって一九世紀末。センセーショナルな見出しや記事で部数をどんどん伸ばしていくイエロージャーナリズムの時代です。当時の風刺画の中に、「フェイクニュース」と書いた新聞を持って走り回っている新聞記者を描いたものがあります。この頃から、フェイクニュースという言葉は使われていたようです。

さらに時代は下がって、一九三四年の話です。ご記憶にあるかと思いますが、イギリスの北部にネス湖という湖があって、そこに生きた怪物がいるという騒動が起きました。その写真を押さえたということで、デイリー・メールという新聞の一面を飾った。ネス湖の怪物は「ネッシー」という名前で広く喧伝《けんでん》されました。ところがそれから六〇年もたった一九九四年に、「実は潜水艦のおもちゃを使った作り物でした」とその種明かしがされました。なかなか息の長いフェイクニュースです。

ここまで簡単に歴史のお話をしてきました。最初にご紹介したようなフェイクニュースと、今お話ししたような、昔からあるデマやプロパガンダ。その違いは何なのか。なぜ今、こんなに騒ぎになっているのかを、次にお話しします。

まず、フェイクニュースは拡散の規模とスピードが、これまでのデマやプロパガンダと圧倒的に違います。例えば、ローマ時代のフェイクニュースなら、コインをばらまいても、人から人の手に渡るのにそれなりの時間がかかります。そのコインは、当時のローマから日本までは、まず届かない。ところが今であればスマートフォンという新しい機械がある。ソーシャルメディアという世界中で利用されているサービスがある。これを使うと理論的には一瞬で世界中どこへでも届いてしまう。そういう規模とスピードの違いが今、フェイクニュースが大問題であるとみんなが議論している大きなポイントです。

そしてもう一つ、「メディアは誰のものなのか？」という、この連続講義のテーマにかかわるポイントもあります。今や皆さんも何かイベントがあると、持っているスマートフォンで写真を撮ってインターネットに上げたりされますね。あれも立派な情報発信の行為です。つまり皆さんは、一人ひとりがメディアの機能を持っているわけです。誰もがメディアとして、リアルタイムで世界中に届くかもしれない情報を発信している。そういう世の中で、フェイクニュースは広がっているのです。

ライオンの逃亡、ピザゲート事件

第二次世界大戦後に、G・W・オルポートとL・ポストマンという二人のアメリカの心理学者が、デマが広がる状況の公式を考えました。うわさやデマが流れる量を決めるのは、一つはその出来事の重要度。命にかかわるとか、家族にかかわるとか、そういう重要度です。もう一つは明らかにされる情報の曖昧さです。この重要度と曖昧さの掛け算でうわさの量、デマの量が決まってくるという公式を発表しています。これは『デマの心理学』（南博訳、岩波書店）という、日本語訳もある有名な本の中に出てきます。この公式がそのまま当てはまるような事態がいくつか最近でも起きています。

例えば、二〇一七年の九月、メキシコで大地震がありました。この際にソーシャルメディア上で、「さらに巨大地震が来る」「火山も噴火した」というフェイクニュースが拡散したため、地震の被災者支援に支障が出るとして、当時のペニャニエト大統領が異例の声明を発表する事態になりました。

似たようなことは日本でも、例えば二〇一一年の東日本大震災のときにありました。千葉県市原市のコスモ石油の火災について、有害物質が燃え上がって、「黒い雨として落ちてくる」というデマが流れました。当時はまだ、主にメールで広まったのですが、これも状況は一緒です。一大事が起きている。でも確たる情報が出てこない。その中でデマ情報が拡散している。

二〇一六年の熊本地震のときにも同じようなデマが流れました。熊本の動物園から地震でライオンが逃げ出したといって、その写真をツイッターに投稿した人がいました。この写真は熊本ではなく、一万二〇〇〇キロ以上離れた南アフリカのヨハネスブルグで撮られたものです。よく見ると日本と街の雰囲気が随分違うのですが、ちらりと見ただけではわかりません。地震の後、対応に追われている動物園に、この写真を見た人たちから問い合わせの電話が一〇〇本以上もかかってきたそうです。ただでさえ地震で困っているところに、その電話の対応もしなければいけなくなってしまった。それを投稿した人は、業務妨害の容疑で逮捕されたわけですが、そういう迷惑をフェイクニュースがかけてしまうということもあります。

もう一つ、これは怖い話です。二〇一六年のアメリカの大統領選が終わった後、「ピザゲート」という、おかしな名前のフェイクニュースが流れていました。これは、ワシントンの地元では知られたピザ店に子どもを監禁して虐待している地下組織があって、それをクリントン氏が仕切っているんだという、途方もない陰謀論です。それを信じた人がいて、子どもを助けようということで、一二月の日曜日の午後にそのピザ店に自動小銃や拳銃を持って押し入り、店内で発砲まででした。男性は間もなく駆けつけた警察官に逮捕され、幸いけが人は出ませんでした。しかし日曜日ですからお客さんはたくさんいて、一歩間違えれば大規模なテロ事件になりかねませんでした。

今度は全然違う分野の影響のお話をします。二〇一七年の六月に中東のカタールという国が、周りの国々から突然、国交断絶を言い渡されてしまったというニュースがありました。なぜそんなことが起きたのか、どうも欧米の報道を見ると、その背後にフェイクニュースがあったらしいということです。

これはやや仕組みが複雑です。まずカタールの国営通信社にサイバー攻撃が行われて、そのコンピューターが外部から侵入される。そこにフェイクニュースが埋め込まれて、自動的に配信されてしまった。フェイクニュースによれば、カタールの首長が「トランプ政権は長続きしない」とか「イランと友好の推進をしていこう」といった演説をしたという。これは、周辺の親米、反イランの国々の感情を逆なでするような内容でした。そこが発火点となって、国交断絶にまで発展してしまったようなのです。この問題では、サイバー攻撃とフェイクニュース拡散は、そもそも周辺国が仕組んだものではないか、という指摘もあります。先ほどの「ピザゲート」はテロまがいの話でしたが、こういった国際政治の場面でも、フェイクニュースの影響が出てくる可能性があるということです。

オルタナティブファクト

次は、フェイクニュースを繰り返していると、何が本当なのか、だんだんわからなくなってきてしまうというお話です。

ロイター通信が二〇一七年一月、トランプ氏の大統領就任式と、二〇〇九年のオバマ氏の就任式の写真を並べて公開しました。人がいっぱいいるほうが、オバマ氏が就任したときを撮った写真。もう一枚はあまり人がいない。これはトランプ氏の就任式のとき。ほぼ同じ時刻と場所で撮った写真です。比べてみると、どうもトランプ氏の就任式のほうが、人出が三分の一ぐらいに見える。

これに対して、当時のホワイトハウスの報道官は、トランプ氏の就任式は「史上最高の人出だった」と発表をしているんです。どう見てもそうではないということで、テレビの報道番組のキャスターが、ホワイトハウスの顧問に対して、「なぜうそを言うんだ」と問い詰めた。するとホワイトハウスの顧問は、あれはうそではなく、「オルタナティブファクト（もう一つ別の事実）を伝えたんです」と言い放った。

このとき、「オルタナティブファクト」という言葉がちょっとした流行語になりました。うそはついていない。事実というのはいくつかあって、もう一つ別の事実を示しただけだ、というお話をするわけです。なんだかおかしなことを言っていると、アメリカの人たちはみんな不安になった。そこで、はたと思い浮かんだのが、ジョージ・オーウェルの反ユートピア小説『一九八四年』（邦訳は高橋和久訳、ハヤカワepi文庫）です。

あの小説の中では、政府が「戦争は平和なり／自由は隷従《れいじゅう》なり／無知は力なり」というスローガンを掲げていた。オルタナティブファクトとはまるであの小説の世界のようだということで、急に『一九八四年』がアメリカのアマゾンでベストセラーの一位になった。それだけではなく、『一九八四年』は別の版元からも出ているのですが、それも五位に入った。この本が最初に出版されたのは一九四九年です。それから七〇年近くたって、インターネット時代にアマゾンの一位と五位を占める。そんな奇妙な世界になってしまったんです。

フェイクニュースという言葉は、大統領選の期間中、主にトランプ氏の支持者がネットで拡散させるデマに対して使われていました。ところがトランプ氏は当選後、逆に「メディアこそフェイクニュースだ」と言い出したわけです。トランプ氏の支持者もそれを拡散します。そうすると一般の人たちは、どっちの言っていることが本当なんだろうと、だんだんわからなくなってくる。しかもトランプ氏は二〇一八年一月に「フェイクニュース賞」というものまで発表して、ニューヨーク・タイムズ、ABC、CNNといったメディアが受賞したと言う。

ただ、アメリカのメディアもまた、取材不足による勇み足の報道がいくつかありました。トランプ氏がそれらを取り上げて「フェイクニュースだ」と攻撃をしているケースもある。つまり報道の競争の中で、メディア側も脇を締めていかないと、こういう形で逆に攻撃をされてしまう。他人事ではない、そういう難しい状況になっています。

ロシア疑惑の構造

トランプ氏が大方の予想に反して大統領選に当選したことで、フェイクニュースがトランプ氏を当選させたのではないか、とみんなすごく気になったわけです。その背景にあったのが、先ほど紹介した「ロシア疑惑」です。そもそもは、ここがフェイクニュースの発端だったのではないかと言われています。

二〇一七年一月初め、アメリカ政府は大統領選へのロシアの介入に関する報告書を公表します。当時のオバマ大統領が調査を指示し、NSA（国家安全保障局）、CIA（中央情報局）、FBI（連邦捜査局）といった情報機関がまとめたものです。この報告書では、ロシアのプーチン大統領が、クリントン氏の当選を阻止し、トランプ氏を当選させる目的で情報戦を指示したと述べています。そのために、フェイクニュースを使っていた、ということです。

先ほど、アメリカの司法省が二〇一八年二月にロシア疑惑に絡んでロシア人関係者を起訴した、というお話をしました。この起訴状の内容を簡単にまとめると、フェイクニュースの拡散を実際に担当していたロシア側の人物と会社があって、その背後にはロシア政府、そしてプーチン大統領がいる、というのが大まかな構図です。これをさらに細かく見ていくと、ものすごくいろいろな人や組織がかかわっています。

ポイントを簡単にご説明します。

フェイクニュースには、基本的な流れがあります。フェイクニュースを思いついてネットに上げても、なかなか広まりません。どうやったら広まるのか。うそもあるけれども、本当のことも入っている。これぐらいのあんばいが一番広まりやすいのです。

そこでまず、ハッカーを使ってサイバー攻撃をします。このサイバー攻撃の先は、例えば民主党の本部であるとか、クリントン氏の選挙対策本部です。そういう人たちのコンピューターにサイバー攻撃を仕掛けて、そこからメールや内部資料を盗み出してきます。そして、これをもとにしてフェイクニュースをつくったり、広めたりしていきます。先ほどお話しした「ピザゲート」でも、このようにして盗み出された内部メールが、フェイクニュースの中に巧みに盛り込まれていました。

ロシア側の組織構成を見ていくと、プーチン大統領の下に情報機関があり、さらにその下にハッカー集団がいます。「ファンシーベア」というかわいい名前で呼ばれていますが、全然かわいくなくて、凄腕《すごうで》のハッカー集団です。ここがクリントン陣営にサイバー攻撃を仕掛けて、内部資料を盗み出した実行犯とされています。それらをもとにしたフェイクニュースの拡散を担当していたのが、「インターネット・リサーチ・エージェンシー」という専門業者です。

具体的にどんなことをやっていたかというと、本社はロシアのサンクトペテルブルクにあるんですが、そこからツイッターとかフェイスブックに偽アカウントをいっぱいつくります。そしてアメリカ人になりすまして、フォロワーや読者をたくさん集めてネット上の有名人になり、トランプ氏の支援とか、クリントン氏への誹謗《ひぼう》中傷とかを繰り返していったわけです。

例えば、「テネシー州の共和党支部」を名乗っていたツイッターの偽アカウントは、一〇万人を超すフォロワーがいました。そういうなりすましのアカウントを使って、クリントン氏を批判しながらファンや読者を集めて、アメリカのネット上の世論を攪乱《かくらん》させていた。ただ、ロシア側はすべて否定していますから、あくまでアメリカ政府による認定ですが。

ツイッターの偽アカウントがどれぐらいあったかを、ツイッター社がアメリカの連邦議会に報告しています。それによると、三八〇〇件を超すロシアの偽アカウントがわかっていて、一七万件を超すツイートをしていたということです。そのアカウントとつながっていた人たちには、あれは偽者でしたと通知しているそうです。

「5ちゃんねる（旧・2ちゃんねる）」という日本のネット掲示板がありますが、アメリカにも

「4chan」という、似たようなネット掲示板があります。例えば、先ほどの「ピザゲート」という陰謀論などもこうしたネット掲示板で広まって、そこからフェイスブックとかツイッターといったソーシャルメディアに拡散していったわけです。

四〇〇〇万円あれば一国の選挙に介入できる

もう一つ、大統領選をめぐるフェイクニュースでおかしな話は、アメリカともロシアとも全く関係のない東欧のマケドニアが突然出てくることです。なぜマケドニアが出てくるのか。マケドニアは二〇%を超えるぐらいの失業率で、若い人たちはアルバイト先にも困るそうです。そこで、アメリカの選挙に絡んだウェブサイトをつくったら小遣い銭ぐらいになるのではないかと考え、クリントン氏を応援するサイトを開設してみた。けれども、全然読者が来ない。それでトランプ氏を支持するサイトをつくったら、ものすごく大勢の読者が来たそうです。そこでトランプ氏支持のフェイクニュースを流すことによって、日本円で言うと何十万も稼げるようになった。それが広まって、マケドニアからたくさんのアメリカ向けフェイクニュースが出ていたことがわかっています。

これらのフェイクニュースの拡散が、圧倒的に大きかったのはフェイスブックです。先ほど、「ローマ法王がトランプ氏を支持」というフェイクニュースが一〇〇万回以上共有されたという話をしましたが、大半はフェイスブックでの共有でした。フェイクニュースを流した人たちは、グーグルの広告ネットワークを使って、グーグルが配信してくる広告を掲載し、そこから収入を得ていました。

さらに、フェイクニュースであるかどうか全くあずかり知らない一般の人たちが、「これ、面白いから」と、どんどん広げてしまったわけです。

ほかにもフェイクニュースの拡散を請け負うような民間業者はいくらでもあって、中国などでもネットで多少のお金を払えば、似たようなことを請け負ってくれるシステムが既にでき上がっています。

トレンドマイクロというネットセキュリティ会社が、ある国の選挙にフェイクニュースを使って一年間介入するのに、いくらかかるかという試算をしています。それによると、サイトの立ち上げからフェイクニュースの作成・配信、ソーシャルメディアでの拡散まで、しめて四〇〇〇万円あればできるのではないかと見積もっています。個人で四〇〇〇万円はなかなか払えませんが、国の予算として考えた場合、それぐらいであれば用意はできてしまう。他国の選挙に介入することが簡単にできる、そういう時代になっているということです。

また、フェイクニュースを流すのは人間だけではないこともわかっています。オックスフォード大学教授のフィリップ・ハワード氏らが、アメリカ大統領選投開票日の直前、一週間のツイッターの投稿量を調査しました。すると、投稿の四分の一から五分の一程度が、人間ではなく、「ボット」と呼ばれる自動プログラムによるものだということがわかったそうです。

さらに、フェイクニュースもむやみにばらまいていたわけではなさそうです。やはりハワード氏らの調査で、アメリカの州ごとのフェイクニュースの広がりを調べたところ、共和党と民主党が拮抗《きっこう》する、いわゆる激戦区にフェイクニュースが集中する傾向があったといいます。先ほどご紹介した司法省のロシア疑惑の起訴状の中にも、フェイクニュースを拡散させた専門業者が、まずアメリカを調査して、激戦区に照準を合わせ、拡散の計画を立てたということが認定されています。それと合致するような結果が、このオックスフォード大学の調査で明らかになっているんです。

フェイクニュースの背景

フェイクニュースの内容は、冷静に見ればばかばかしいものなのですが、それを信じてしまう人たちがいます。二〇一六年一二月に起きた「ピザゲート」発砲事件の数日後に、アメリカで世論調査が行われています。この中に、「クリントン氏がピザ店の児童虐待疑惑に関与していると思いますか」という質問がありました。この質問に、「関与していると思う」と回答した人は九%。一割近い人が、このフェイクニュースを信じていたわけです。クリントン氏の支持者でも五％、トランプ氏の支持者は一四％がそう回答しています。一定数の人は、どんな荒唐無稽な話でも信じてしまうんです。

ハーバード大学とマサチューセッツ工科大学の研究チームが、アメリカ大統領選の期間中に、大統領選関連のニュース一二五万件を対象に、それらをツイッター、フェイスブックで共有した人たちの調査をしました。

それぞれの政治的な傾向を見ると、リベラル寄りの人たちは、ワシントン・ポスト、ニューヨーク・タイムズ、CNNといった皆さんご存じの大手メディアのニュースをたくさん共有しています。

一方、保守系の人たちはどのメディアを共有したのか。最も多かったのは、ブライトバートという、できてから一〇年足らずのネットメディアでした。これは、トランプ氏の選挙中は選対本部長を務め、トランプ政権発足当初は大統領首席戦略官も務めたスティーブン・バノン氏が会長をしていた、右派のネットメディアです。保守系の人たちが共有していたメディアとして目立っているのは、このブライトバートと、あとは、共有数としてはずっと存在感が落ちるFOXニュースぐらいしかない。リベラル側がいくつかのよく知られたメディアを共有していたのと対照的に、保守系の人たちが接するメディアは、ほぼこのブライトバート一択。リベラルと保守の間で、共有するメディアがはっきりと分断されているといういびつな状況でした。

「フィルターバブル」という言葉があります。ソーシャルメディアというのは、利用者の興味とか関心に合う情報だけを選んで届けてくれる、そういう仕組みになっています。逆に言うと、自分が興味を持っていない、あまり好きではない情報は一切遮断されてしまう。それによって視野がすごく狭くなってしまう状況のことを、アメリカのアクティビストのイーライ・パリサー氏が「フィルターバブル」と名付けました。リベラル側だといろいろなメディアがありますが、保守の側はこのブライトバートを軸に、同じような価値観を持った人たちが集まり、同じような考えがぐるぐる回っていたようです。

アメリカの調査機関ピュー・リサーチ・センターの二〇一七年のデータによると、成人の七割近くがニュースをソーシャルメディア経由で見ている。そして四割を超す人がフェイスブックを通じてニュースを見ていると答えています。それだけソーシャルメディアが影響力を持ってきています。

一方で、メディアへの信頼度の低下という問題があります。アメリカの調査会社ギャラップのデータでは、大統領選があった二〇一六年、マスメディアへの信頼度は、過去最低の三二％という数字を記録しています。日本でも、新聞通信調査会が各メディアの信頼度調査の結果を公表していますが、緩やかながらやはり右肩下がりの状況です（一六五ページ参照）。

メディアへの信頼が低下していることの、裏返しのような現象もあります。後ほど改めてお話しますが、フェイクニュースに対しては、メディアが事実に基づいて真偽を検証するファクトチェックを続けています。これはフェイクニュース対策として重要な取り組みです。ところが、それはフェイクです、間違っています、と指摘をすると、「メディアがそんなことを言うんなら、これは本当に違いない」と、逆にフェイクニュースへの確信を強めてしまう、そういう逆効果になるケースも指摘されています。これは「バックファイア効果」と呼ばれています。つまり逆噴射ですね。フェイクニュースの問題は、なかなか一筋縄ではいきません。

さてそれでは、フェイクニュースは選挙に影響があったのかどうか。結論から言うと、アメリカ大統領選の場合、影響があったことをはっきりと裏づける証拠は、今のところ出てきていません。むしろ、さほど影響がなかったのではないかというデータが出ています。スタンフォード大学教授のマシュー・ジェンツコウ氏らが二〇一七年一月に発表した調査で、大統領選で最も重要だった情報源を尋ねたところ、ソーシャルメディアと答えた人は一四％、テレビと答えた人は五七％もいました。選挙の判断をする際に一番参考にしたのは、やっぱりまだテレビだったということです。つまり、クリントン氏に投票しようと思っていたけれども、フェイクニュースを見てトランプ氏にした、という人がごっそりと出てくる状況ではなかったという結果です。

対策と課題

フェイクニュースの拡散に何ができるか。先ほどお話ししたように、フェイクニュースに対しては、メディアが事実に基づいて検証し、これは間違っています、という形できちんと提示するファクトチェックが重要です。

ファクトチェックはアメリカが先行していますが、日本でもそういった取り組みは出てきています。二〇一七年六月には、国内の連携組織「ファクトチェック・イニシアティブ」が誕生しました。さらに、朝日新聞では二〇一六年から、政治部のチームが国会論戦を対象にして、例えば、首相の答弁に事実の誤りがないかを検証し、それを紙面化するということを続けています。

このファクトチェックは、欧米では思わぬ副次効果を生んでいます。各メディアの売り上げが軒並み伸びている。二〇一五年の第4四半期と、大統領選のあった二〇一六年の第4四半期を比べると、ニューヨーク・タイムズ、ウォールストリート・ジャーナル、フィナンシャル・タイムズなどが、軒並みデジタル版の購読数を伸ばしています。これをメディアでは「トランプ景気」などという呼び方もしています。トランプ氏がおかしなことを言う、フェイクニュースが出回る。それに対して、調査報道や事実関係を検証するファクトチェックをしていくと、それを読者も支持してくれる。ファクトチェックはメディアへの信頼につながっている側面があるようです。ニューヨーク・タイムズの場合、デジタル版の購読数を二〇一七年通期で見ると、四二％増と急激な伸び方をしています。それだけ事実の情報が欲しいという需要も、まだきちんと残っているということです。先ほどお話ししたギャラップによるマスメディアへの信頼度調査も、二〇一六年の三二％から、二〇一七年には四一％へと回復しています。

メディアリテラシーの教育が大事だということもよく言われています。アメリカでは、アリゾナ州立大学やニューヨーク市立大学のジャーナリズムスクールなどを中心に、ソーシャルメディアやスマートフォンが一般的になった今の社会にとっての、新しいメディアリテラシーを考える取り組みが始まっています。

フェイクニュースを野放しにしたと批判を受けたＩＴ企業も、対策に乗り出しています。特にフェイスブックやグーグルは、ファクトチェックの国際連携組織「国際ファクトチェッキング・ネットワーク」と協力して、フェイクニュース排除に乗り出しています。

さらに、これはなかなか議論が分かれるところですが、法律でフェイクニュースを締め出そうという動きがあります。端的なのはドイツです。フェイクニュースやヘイトスピーチへの対策を取らずに放置していた場合には最高五〇〇〇万ユーロ、日本円で約六六億円の過料を科すという新しい法律をつくって、施行されています。

アメリカでもフェイスブック、グーグル、ツイッターを議会に呼んで、事実関係の調査をする一方で、フェイクニュースをそのままにしておけないということで、議論が続いています。

さらにイギリス。二〇一六年にEU離脱の是非を問う国民投票がありましたが、そこでもフェイクニュースがかなり拡散しました。これを受けて、議会では規制を求める声が根強くあります。

日本はどうしたらいいか

では、日本はどうしたらいいか。フェイクニュース拡散の例として、先ほど「熊本地震でライオンが逃げた」というツイッターの写真をめぐる騒動を紹介しました。けれども、同じようなケースはいくつかあって、これは今ある法律、偽計業務妨害罪とか名誉毀損罪で摘発をされたりしています。あるいは自分にかかわるフェイクニュースをネット上に流されたので、それを削除してもらいたいという場合には、プロバイダー責任制限法という法律があって、そこで削除の手続きが定められています。

そうすると、新たな法規制が日本で必要なのかどうかは、一つの議論になるかと思います。その際に考えなくてはいけないのは、フェイクニュースを法律で規制することは、表現行為を規制することにもなるという点です。憲法で保障された表現の自由との兼ね合いをどう考えるかという議論は、避けて通れません。

また、フェイスブックやツイッターなどでニュースが流れてくると、つい「共有」や「リツイート」というボタンを押してしまって、中身を見ずにネットに拡散させてしまうという利用者の傾向があるようです。フランスとアメリカの研究チームが調べた論文では、利用者の六割は本文を見ないままで、見出しが面白そうだ、あるいは写真が面白そうだということで、本当かどうかを確かめることもなく共有していたということです。

二〇一五年版の総務省の情報通信白書に、ソーシャルメディアの利用者がどういう基準で情報を拡散するか、という調査データがあります。一番多いのは「内容に共感」で四六%。これはわかります。次に多いのが「内容が面白い」で四〇%。では、事実かどうかをどれぐらいの人が気にしているかというと、「情報の信憑《しんぴょう》性が高い」と答えたのはわずか二四%と少ない。事実かどうか、信憑性があるかどうかはあまり気にしていないことが、日本の調査結果でも出ているんです。特に、内容の面白さを重視する傾向は、年齢が下がるごとに高くなり、逆に情報の信憑性を重視する傾向は、年齢とともに上昇しています。

それから、技術の進歩です。先ほどお話ししたようにAIを使うと、人の目では見分けのつかないようなフェイク動画をつくることができてしまいます。ワシントン大学が二〇一七年に発表した論文によると、AIを使って、オバマ氏のスピーチ動画を自由自在につくることができるプログラムを開発したそうです。フェイクポルノ動画の「ディープフェイクス」は顔だけ貼りかえるというものでしたが、スピーチ動画は政治などの分野で使われる可能性も非常に高い。それが出回ったときには、人間の目では見分けられないということも起きそうです。

もう一つ、ソーシャルメディアは果たしてフェイクニュースを排除できるのかという問題があります。なぜかと言うと、ソーシャルメディアは利用者が知りたい情報だけをとにかく出し続けることで、たくさん広告を見てもらって、それを収入にする。つまり「フィルターバブル」の問題がビジネスの根幹にあるわけです。「フィルターバブル」こそフェイクニュースの温床と言われています。ビジネスと両立させながら、そこを変化させることができるのかという疑問です。

最近、フェイスブックで非常に特徴的な動きがありました。二〇一八年一月から、アルゴリズム、つまり情報の出し方の仕組みをかなり変更して、家族とか友達の投稿を優先して表示させるようにしたんです。一方で、メディアなどが流すニュースの表示順位を下げることにした。事実上、ニュースを排除したような変更です。これで何が起きたかというと、フィルターバブルが、一層ひどくなったのではないかと指摘されています。つまり友達や家族など、同じような価値観を持った人たちが共有する情報の表示が増えた分、その中にフェイクニュースが紛れ込むことで、以前よりも拡散がひどくなってしまったケースが報じられているんです。

リテラシーは十分か

フェイクニュースが氾濫してくると何が起きるのか。既存メディア、ネットメディアを含めた、メディア空間全体への信頼が損なわれていく可能性があります。これは、メディアを通じたまともな情報の共有ができなくなることを意味します。民主主義というのは、情報の共有と、それに基づく多様な議論が土台になります。「情報はごみばかり」ということになると、多様な議論など成立しませんから、社会の分断は進み、民主主義が機能不全に陥ってしまうのではないか。それを防ぐためにも、この問題に真剣に取り組んでいく必要があるのではないか。これが私の問題意識です。

今日のお話のまとめです。フェイクニュースには二つの大きな目的、政治的な目的、経済的な目的がある。フェイクニュースが可能になった背景には、スマートフォンやソーシャルメディアで、瞬時に大規模に情報を拡散することができるようになったという技術の進展があります。このフェイクニュースの拡散は、テロや社会混乱につながるような実害を及ぼす可能性もある。そこには、国境を越えてフェイクニュースの拡散にかかわる多種多様な人たちがいる。メディア環境も大きく変化しており、各国で法律を含めた規制の議論も始まっている。しかしながら、ＡＩなどが進んでくると、事実とフェイクとの見分けもつきにくくなってしまう。さらにフェイクニュースは、そもそもソーシャルメディアのビジネスモデルの根幹にかかわっている。そして放っておくと、民主主義そのものを揺るがしかねない。

「メディアは誰のものなのか?」。改めてこのテーマに戻れば、スマートフォンやソーシャルメディアを使う皆さんこそが、今やメディアです。それにふさわしい利用環境は整備されているでしょうか。スマートフォンのリテラシー、ソーシャルメディアのリテラシーは十分でしょうか。この問いかけを最後にして、お話を終えたいと思います。

【対談】

姜 ありがとうございました。今日は、フェイクニュースをめぐって、現状から、そしてさらには対策まで、非常に包括的な知識を得られてよかったと思います。

フェイクニュースには、政治的な目的と経済的な目的、二つの目的があるということでしたが、目的や意図のはっきりしない場合、例えば二〇一八年二月、裁量労働をめぐる国会の議論で、裁量労働制のほうが比較的労働時間が短いという結果が出ただとか、あるいはこれまでの定時制の労働の場合のほうが労働時間が長い、というデータを厚生労働省が出しましたが、結局それは間違いでした。厚生労働省は、あたかも計算ミスであったかのように、ミスという表現を使っていましたが、このようなケースはフェイクと呼べるのでしょうか。だます意図はなかったとしても、政府の唱える「働き方改革」を推進する目的で必要な材料としてデータを出してきた、という意図はあるはずでしょう。この見分け方は、どう考えたらいいでしょうか。

平　間違った情報と、だまそうとして流されたニセ情報とは区別したほうがいいと思います。フェイクニュースというのは、人をだまそうとする意図が明確なものについてそう呼びたい。ただし、悩ましいのは、意図というのは心の中、気持ちの中の問題なので、「この人はだまそうとしていた、なぜなら、この証拠があるからだ」という形で突きつけるのはなかなか骨の折れる作業です。「ローマ法王がトランプ氏を支持」は一見、その意図がわかりやすそうなフェイクニュースですね。でもこれは、まず自称「パロディーサイト」が配信し、数カ月後にそれをトランプ支持派のフェイクニュースサイトが転載したことで大きく拡散しました。同じフェイクニュースなんですが、最初のサイトがアクセス増加による広告収入目当ての経済的目的が強かったとすれば、転載したサイトはトランプ氏を後押しする政治的目的が強かったように見えます。最も有名なフェイクニュースですら、拡散にかかわった複数の発信者の思惑に違いがあるとなると、意図を探る作業というのは、判定がつきにくいものも多いと思います。

姜　だまそうという意図はなかったけれども、場合によっては、結果がものすごく重大な場合もありますよね。そして、だまそうとしたのだけれども、結果としては影響はかなり軽微だった場合もあります。例えば二〇一七年一二月に産経新聞が、沖縄で米軍が事故に遭った女の人を助けたのに、沖縄のメディアがこれを一切報道しないのはおかしいだろうと報じた。ところが、そもそもそういう事実はなかったことがわかった。これはもう明らかに情報不足というだけではなく、沖縄の地元紙を攻撃しようという意図がはっきりしている点でかなりフェイクに近い。その後すぐに、一応産経は、これは取材不足でしたと訂正しましたが、このケースなどはフェイクとフェイクでないことのグレーゾーンにあって区別が非常に難しい。メディアがどうそこにアプローチするか、それを最後に教えていただければと思います。

平 フェイクニュースにもいろいろなパターンがあって、全くゼロからの捏造《ねつぞう》もあれば、事実が一％入っている、五〇％入っている、あるいはほぼ事実なんだけれど、文脈が違うところに使われるなど、さまざまなパターンがあって、ファクトチェックは非常に難しい作業です。

意図の問題、結果の重大性、さまざまな要素を勘案しなければいけない。その中で、メディアは何をよりどころにどう報じていけばいいのか。これについて、我々の持っている武器はそんなに多くはなくて、とりあえず二つしかありません。

一つは、ファクト、事実です。どこまでも事実を集めて、まずは事実をベースにするという以外にない。

もう一つの我々の武器は、漠然としていますが、常識です。普通の社会生活を送っている人たちの目に、それがどう映るのか。この二つしか我々のよって立つものはありません。情報を集めて、事実と常識に照らして、そこから何が言えるのか、何が見通せるのか。これは間違っていると言えるのか、あるいは、疑わしいとしか言えないのか、どうもその二つを軸にして愚直にやっていくしかないと思います。

第八回　総括講演

メディアは誰のものなのか？

姜尚中×一色　清

（講義日　二〇一八年三月六日）

【総括講演】

姜　今日が第六期の最終回です。

これまで六人の方々にご登壇いただきました。一人は、学者として現場から距離を置いている林香里さん。もう一人は、ジャーナリズムの現場にいながらも、もう少し俯瞰《ふかん》して見られる立場の平和博さん。あとの四人の方は、テレビであれ、あるいはテレビ以外の媒体であれ、自分自身がメディアとなって発信をされている方々でした。

ふだんは紙面やテレビ画面でしか知り得ない方の臨場感のある話をいろいろと聞くことができました。例えば、金平さんからは、自分もキャスターとしてテレビ番組に出ている立場から、実際のテレビ局の中はどうなっているか、その事情についていろいろと批判的な話をお聞きしたし、また、それ以外の方々も、かなり個人的な経験も踏まえてお話をされた。それは非常に貴重な機会だったと思います。

メディアとは何か

実は私はかつて、情報学環・学際情報学府という東京大学大学院の組織にいました。後に学環・学府に統合・再編されることになる、社会情報研究所です。その前身は新聞研究所でした。

新聞研究所から社会情報研究所へ移行する際に、社会情報学という学問は何だろうかといろいろ議論がされました。その中で、メディア、情報、そして、コミュニケーション、これは三位一体だという話が出ました。ただ、その中でどうも明確に定義できないのがメディアでした。情報とコミュニケーションとメディアをどう位置づけるのかをいくら議論しても、結局、私自身は納得いかなかった。

学問としては、法学があり、社会学あり、経済学あり、政治学あり、あるいは文学がある。学と名のつくものがちゃんとある。それに対して、先ほどもちょっと調べていたのですが、メディア学というのは、つい最近までなかった。メディア・スタディーズ（メディア研究）とか、メディア論とかはある。でも、社会学とか、経済学とか、政治学とかのように、「学」のつくものとして我々がすぐに思い浮かべるものとしてはなかった。実際、学会としては日本コミュニケーション学会がありますが、私が知る限り、メディアを冠する学会の歴史は新しいのではないでしょうか。

それでは、メディアとは何だろうと議論しても、何かニッチ（隙間）を埋めるような存在でしかなくて、結局、社会情報研究所のときも、わかったようでわからんようで、メディア研究と言われても、つかみどころがなかったということを今でも覚えています。さらに言うと、メディアに対する過大な評価と過小な評価の、両方があると思います。

ノーム・チョムスキーの「メディア・コントロール」という言葉もあるとおり、メディアは誰かによってコントロールされていて、上から完全に統制を加えられているんだという考え方もある。他方で、いや違う、しょせんメディアなんて大したことないんだという捉え方もある。例えば、第七回の平さんの話では、フェイクニュースがどれだけアメリカ大統領選の投票行動に影響を与えたかとなると、それはせいぜい一〇%そこそこでしかなかった。結局、既存のメディアのほうが投票行動に大きな影響を与えたのではないかと指摘されていた。

ですから、メディアは誰のものかと考えるときに、そもそもメディアとは何だろうかという非常に素朴な問いがずっと私自身の頭の中にあった。おそらくメディアと同じような役割をずっと果たしてきたのは、法律だと思います。言うまでもなく、法学は、神学、医学とならんでヨーロッパ中世社会の牢固《ろうこ》たる学問分野としてあった。法というものは、社会の中のある種の媒体（メディア）として、社会をつかさどっている。それは条文としてはっきりと目に見える。我々はこういう行動をすべし、こういう行動をしたときには罰せられる。法学には、しっかりとした対象領域があります。

ところが、メディア研究となると、どこを対象領域にしていいかわからない。非常に茫漠《ぼうばく》としたものです。何を研究しても、一応、それはメディア学の研究テーマになる。これは、大学の中だけの話ではなくて、私たちがメディアについていろいろ話題にするときに、実はメディアとは何なのかがよくわからないまま議論をしているのではないか、というのが、私自身の個人的な感想です。

国家の記憶装置が壊される

メディアというと、新しいものとしては、SNSや様々なデジタル時代のメディアがありますが、やはり我々の世代がすぐに思い浮かべるのは、まず、紙媒体です。これは昔からある。今日、お話しするのは、二〇一八年三月二日の朝日新聞のスクープです。「森友文書 書き換えの疑い」と題して、次のように報じています。

「学校法人・森友学園(大阪市)との国有地取引の際に財務省が作成した決裁文書について、契約当時の文書の内容と、昨年二月の問題発覚後に国会議員らに開示した文書の内容に違いがあることがわかった。学園側との交渉についての記載や、『特例』などの文言が複数箇所でなくなったり、変わったりしている」

官僚制を語るときに必ず出てくるのが文書主義です。官僚制の歴史は旧いですが、その成立にとって、文字とパピルス(紙)の発明は決定的に重要でした。それが何を可能にしたかというと、記録するということです。過去にあったことがもし記録されていなければ、なきに等しい。ましてやあったことを改ざんすれば、これは事実それ自体が読みかえられてしまう。あるいは、上書きすれば、あったものがなかったことになる。手品師のように、事実それ自体をゼロに見せたり、あるいは書きかえたりできる。そういうことが今の日本で起きているのではないかということです。

私は今、熊本県立劇場の館長をしているため、たくさん文書が回ってきます。閲覧して、自ら署名、押印をする。一旦署名した以上、その内容をまた変えるということは、県立劇場でもまず一〇〇%あり得ない。そういうあり得ないことが、国家の、しかも最も重要な財務省でもし行われていたとすればどうなのか。しかもそれを我々は心証としてかなり濃厚だと思っているわけです。

ひところ歴史修正主義ということがいろいろ話題になりました。実際に歴史的にあったことをなかったことにする、もしくは、あったものの記録を焼却したりすることによって、ないことにする。それを反証しようとしても、一切の材料が目に見える形で残っていないとすると、その歴史はなかったことになる。私自身は、『維新の影』（集英社）という本を書く過程で、実際に自分の足で現場に行って、そこでいろいろ話を聞き、そこで物を書いていくという、ジャーナリスト的なスタイルをとりました。その背景には、はたして文字だけが歴史なのだろうかという思いがありました。

文字として残されたものだけが歴史であるというように考えていくと、公文書とは、いわば、国家の記憶装置です。その国家の記憶が書きかえられるということは大変なことなのです。こういうことにあまり問題意識のない人々がもし国家の中心にいるとしたら、この積み重ねが歴史修正主義になるのではないか。つまり、国家の記憶装置が壊れてしまうと、私たちの存在それ自体がないと言われても、誰も抗弁できなくなるということです。これは実に由々しいことです。そこに今回の問題のものすごく大きな意味を感じざるを得ない。

我々は公がつくり出した記憶を手がかりに歴史を考えて、それが事実であることを前提に、その上に立って判断して、今の自分がある。その土台が壊れているとなると、もうありとあらゆるものが信用できなくなる。つまり、信頼というものが根幹から揺らいでくるわけです。

これに対して、少なくとも事実にアプローチしようとするときに、それを今のネットができるかとなると、ほとんどその可能性を考えることは難しい。テレビメディアはそれができるのだろうかと考えると、これも極めて難しい。それをやってみせたのがたまさか全国紙である朝日新聞だった。世の中のタブロイド判には、安倍内閣vs.朝日最終戦争みたいな、仁義なき戦いをちょっと思わせるような、そういうキャッチーな言葉が躍っていましたが、それは問題のすりかえです。つまり、これは単に朝日対安倍内閣ではなくて、国家の記憶を消したり、あるいは記憶装置を切りかえたりするということに対して、そうはさせないという抵抗なのです。それができるメディアはどこにあるのかと考えると、結局、今のところ、紙媒体しかないのではないか。

つまり、ファクトチェックは誰がどこでやるのか。もちろん個々の様々なネット情報を通じてやれる可能性も十分あるわけですけれども、今回のような非常にハードな、しかも国家が絡んだ問題になってきたときには、新聞の持っている役割は非常に大きい。

ローカル紙を支える読者がいる

それから、二番目は、ローカル紙です。地方紙、あるいはブロック紙も含めて。これは、共同通信加盟団体、そうでないローカル紙もある。ローカル紙も新聞によって十人十色です。かなり違う。例えば、熊本に行きますと、熊本日日新聞があるわけです。それでは、水俣《みなまた》病一つとって、熊日と全国紙の朝日や毎日とでは、どこがどう違うのか。それは、やはり地方紙ならではの熊日の水俣病に対する継続的な取材、何年何十年とわたってそれを執拗《しつよう》に追及していく粘り強さでしょう。これはおそらくなかなか全国紙ではあり得ないことですし、そういう点では、地方紙が持っている可能性というのは十分ある。

私が、『維新の影』を書く中で驚いたことは、日本のアベレージ（平均的な人々）のリテラシーの高さです。地方に行って、いろいろなところを取材をして回ると、公害問題あり、ハンセン病あり、それから、エネルギー問題あり、格差の問題あり、いろいろな問題がある。その中で、様々な活動やその周辺にいる人々を見ていくと、日本にはやはりアベレージでのリテラシーの高さがあると感じた。これが地方紙を支えていると思う。

日本には、高級紙と言えるものがあるかと言われると、なかなかそれは難しい。アメリカのニューヨーク・タイムズやワシントン・ポスト、ドイツのディ・ツァイトや、フランスのル・モンドのようなものがあるかというと、必ずしもそうとは言えない。しかし、どの新聞を見ても、世界情勢からお隣近所のいろいろな世間話まで、パッケージで読ませてくれる媒体がある。しかもたとえ活字離れが進んでいるにせよ、それを支える読者がいる。福島民報のインタビューを受けたときに、発行部数はどのくらいですかと尋ねたら、福島には新聞社が二社あるわけですが、福島民報だけで二五万部を超えているとのことです。福島民報の福島第一原発にかかわる情報は、圧倒的にすぐれている。それは、一人一人の記者が自らの足で、ディテールを持続的に取材して、それをしっかりと紙面化しているからでしょう。

我々は、どうしても東京にいて、全国紙を見て、今、日本で起きている状況というものを考えていくわけですけど、都やあるいは府を別にすれば、多くの日本の都道府県に暮らす人々は、地方紙とブロック紙も含めて、その中でオーソドックスな情報を手に入れているわけです。それらの発行部数を全部合わせれば、おそらく一〇〇〇万部以上になるわけです。もっと多いかもしれません。これが新聞に限ってですが、今現在の日本の情報環境です。私自身は、今はどちらかと言うと、地方紙のほうに期待しています。地方の抱えている問題をしっかりと深掘りしていく、そういう取材ができている。もちろん地方の経済やその他の背景があって、なかなか難しい点もありますが。

例えば、私は信濃毎日新聞に定期的にコラムを書いていますが、信毎はすぐれた取材、論説、そして、見識を持っている。それを見ていると、地方のリテラシーの平均的な高さに驚かざるをえません。新聞の「斜陽」化は避けられないのかもしれませんが、それでも地域社会に根づいた地方紙の奮闘に期待したいですね。

拉致問題と従軍慰安婦問題

もう一つ宿題として課されたことは、やはりこの一五年にわたって、私自身がテレビメディアとかで一番話しづらかったことだった、拉致問題と従軍慰安婦の問題です。くしくも北朝鮮と韓国の問題とかかわっており、私の立場からすると、非常に緊張を強いられる。それは私自身のポジションもありますけれども、率直に言って、それ以上にこれが平成の二一世紀になって、日本の言論空間に、ある目に見えない何かをつくり出した、と思うからです。

現に朝日新聞は、従軍慰安婦問題の報道であれだけのバッシングを受けた。もちろん、朝日に大きな落ち度があったことは否めません。しかし、意図的な捏造《ねつぞう》や改ざんであるかというと、そうとは言えないはずです。客観的に見れば誤報です。誤報の検証やその公表の点などで問題があったことは事実です。しかし、それはあくまでも誤報の放置という範囲の問題でした。それなのにこれほどの、洪水のような非難にさらされてしまったことは、私自身驚きであったと同時に、朝日の中にいた人々も驚いたのではないか。その点で朝日は記事を検証しましたけれども、検証作業の検証も出してほしいと思っています。

それから、第二番目は、北朝鮮報道です。北朝鮮をどう見るのか。これは、やはり今のメディアを考えていくときに、非常に重要なファクターの一つだと思います。もちろん北朝鮮が異常なというか、我々が普通、正常として考える、ある程度の自由や民主主義、あるいは合理的な市場経済、個人の権利などの視点から見ていけば、「異様な」社会であることは間違いない。拉致やテロ、人種弾圧など、数々の非人道的な制度を温存しており、深刻な問題を抱えていることは知っての通りです。にもかかわらず、その捉え方には違和感があります。

戦時中、アメリカが、「汝《なんじ》の敵、日本を知れ」（一九四五年）という国策映画をつくっています。このとき使われた手法は、今の日本で北朝鮮について行われていることとかなり似通っているように思われて仕方ありません。アメリカの歴史家、ジョン・ダワーが、『容赦なき戦争――太平洋戦争における人種差別』（平凡社ライブラリー）の中で書いている、戦時中、アメリカが日本にやったプロパガンダ、それから、アメリカの兵士向けの様々な映像や、あるいは文字情報とも、あまり変わらない。つまり、これほどまでに言論の自由があって、北朝鮮とは全く正反対にあるような日本という社会において、なぜステレオタイプの北朝鮮報道が洪水のように溢《あふ》れることになったのか、この点は検討の余地があります。

エドワード・サイードに『イスラム報道』（みすず書房）という著作があります。これはイスラムに対する一つの言説（discourse）が、ワンパターンにつくられているプロセスを明らかにしています。アメリカがイラク戦争に向かっていく、そのプロセスを見ていくと、イスラム報道というものがいかにステレオタイプ化していたかよくわかる。もちろん北朝鮮報道はイスラム報道の焼き直しだとは思いませんけれども、かなりの部分が似ている。つまり、言説というものは、本物があってフェイクがあるのではない。我々は結局、言説を通じてしか物を知ることができない。その言説が何かによってあらかじめつくられていて、そのコードに合ったものだけが、我々の視界に入ってくるということです。

もちろん対象をカリカチュアライズしたり、あるいはデーモン化したりということは、いくらでもできるわけです。例えば、北朝鮮の国家主席であった金日成《キムイルソン》が亡くなったとき、ある米国の雑誌が特集をした。そのタイトルの中に確か「首なし野獣」という比喩が使われていて、北朝鮮をそんな表現で表象していたわけです。そのときは、後継者である息子の金正日《キムジョンイル》という男は何をしでかすかわからない、「狂人」のような扱いでした。確かに彼は独裁者です。無慈悲な指導者です。でも、クレージーであるわけではない。それを読みながら、伝統のある報道雑誌ですらこの程度なのかと驚いたのを今でも覚えています。そのこと一つとっても、我々は北朝鮮をどのくらい知ることができたのか、疑問です。

私の話はこれで一応切ります。どうもありがとうございました。

【対談】

姜　今回、公文書が改ざんされているかもしれないという記事が出たことについて、一色さん自身はそれを知られて、どうでしたか。

一色　三月二日に朝日新聞が「森友文書　書き換えの疑い」という一面トップの大きな記事を出した件について、基本的に私は全く知らないんです。報道局ではこの報道について少数の人たちだけで、しっかり情報を管理してやっています。今、官邸とか財務省とかが血眼になってやっているのは、情報源はどこか、それから、朝日新聞がどこまで材料を持っているのかという、この二つを探ることです。とにかく私は何も知らないので非常に楽な立場です。何か知っていたら、奥歯に物の挟まったような言い方しかできないと思いますが、幸いにも何も知りませんので、ここで私が話すことはすべて推測だとお断りしておきます。

姜　こういう問題は、新聞社だからできた面もありますか。

一色　テレビにも可能性はあります。そもそも能力の高い記者をたくさん抱えている組織でないと、こういう仕事はできません。また、一応、名の通った媒体でないとなかなかできないと思います。テレビの場合、ＮＨＫが記者の陣容とか能力の面ではできると思いますが、ＮＨＫは公共放送ですから、政権と真っ向から対立して、「番犬（ウォッチドッグ）」機能を発揮するのは、なかなか難しいところがあるでしょう。そうなると、やはりテレビは期待できません。ネットにはそういう陣容がありません。ほとんど記者はおらず、編集者だけのネットサイトが多いわけです。

やはり紙媒体です。それなら「週刊文春」や「週刊新潮」はどうかということです。この類いの話は情報提供者が必ずいます。その情報に直接接した人が証言してくれないと、書くほうも恐ろしくて書けないと思います。朝日側がうまく掘り起こしたのか、あるいは向こう側から近づいてきたのかわからないですけど、少なくとも情報提供者がいて、書く側がいて、そこにある一定の協力関係が成立しているのは間違いないと思うんです。その協力者がメディアを選ぶ立場でもあるわけです。そういう人がどこを選ぶかとなったとき、やはり紙媒体であり、全国紙であり、そして、政権との距離感から朝日に来たんだと思うんです。

あの日、三月二日の一面トップは読売と朝日のスクープ合戦だったのです。読売新聞は、「羽生《はにゅう》選手　国民栄誉賞」というスクープで、朝日新聞は、「森友文書　書き換えの疑い」というスクープでした。政権の動きを早く知らせるのもニュースですので、読売新聞のニュースも立派なスクープだと思いますが、やはり朝日新聞と読売新聞のスタンスの違いがはっきり出ていました。ウォッチドッグのほうに重心を置いている朝日新聞と、政権と非常にうまくつき合って、政権の動きをいち早く報じることを大事に思う読売新聞とのはっきりしたスタンスの違い、ジャーナリズムの考え方の違いだと思うんです。ウォッチドッグにそれほど重きを置かず、政権の動きを早く伝えるのがジャーナリズムだという考えなら、そっちが成立する。

姜　それからすると、例えば、NHKであれば、前川喜平前文部科学事務次官について、最初にインタビューをしながら放映しなかった。ただ、NHKに出せば、情報源の秘匿については最後まで安心していられるということはあるでしょうね。

一色　多くの伝統あるメディアは、情報源については相当神経質になります。情報源がすぐにメディア側から漏れるようなことがあれば、誰も情報源になってくれませんから、そこは、NHKもしっかりしていると思います。

姜　そういう点では、読売新聞もNHKもしっかりしているわけですけど、やはりこれを読売にリークしなかったということは言えるわけですね。

一色　情報提供者からすると、読売はこれを書かないと考えると思いますよ。今のスタンスからいって、情報を得ても大きなニュースとして取り上げることは、なかったのではないかと私は思います。

姜　これを書いたのは政治部ではなくて、どうして社会部だったんでしょう。

一色　これも、私、全く知りませんので、ほんとうに社会部かどうか知りませんけど、この類いの話は社会部でしょう。社会部が自分たちで掘り起こしたのか、向こうから近寄ってきたのか、それはわかりません。社会部が情報を得て、それで、その情報を情報提供者の関係から、確度の極めて高い情報であると判断した。おそらく現物も、入手したかどうかは知りませんが、少なくとも実際に見て確認したのでしょう。その上で、関係者の裏とりをさらにいくつかやって、裏がとれたところで、ゴーサインが出たのでしょう。

姜　今回、公文書という国家の記憶装置の重要な部分が変えられていた可能性が十分あるとすると、それは内部、あるいは内部でなくても、どこかからリークがなければ、そのまま我々は何も知らずにいたということはあり得たわけですよね。

一色　あり得ました。読売新聞の羽生選手のスクープは、読売新聞が書かなくても、いずれ発表になる話ですが、朝日の特ダネは、朝日が書かなかったら、ひょっとしたら、未来永劫《えいごう》、世の中の表には出てこなかった可能性があります。おそらく情報を提供した人は、公文書を書きかえたという問題に憤っていて、これが闇に葬られてはいけないと考えたのだろうと思うんです。

姜　そうすると、社会の中で最後に、知る権利を行使したり、あるいはそういう公文書も含めて、重要な情報にアクセスできる、それを読者にかわってやってくれるという意味で、やはり新聞というのは読者とともにある存在だということになるわけですか。

一色　多くの人に知らせるべき情報なのかどうかというところが、第一の入り口であって、その後に、伝える価値がどのくらいあるかとか、伝えて共感を得られるかとか考えます。こうした基準は、細かく明文化されているわけではありませんが、今回の記事は伝えるべき情報の中でも最上級のものだと思います。

姜　メディアは民主主義を働かせる一つの潤滑油であって、その油が回っていなければ、社会自体がヒートアップしてしまうとか、あるいは変な方向に向いてしまうということは十分考えられるわけです。そういう点でやはり新聞は依然としてまだ役割は大きいと私自身は思うのですが、どうですか。

一色　アカデミー賞の候補にもなった、「ペンタゴン・ペーパーズ　最高機密文書」（スティーブン・スピルバーグ監督、二〇一七年）という映画があります。一九七〇年代にあった実際の話です。簡単にストーリーを言います。ベトナム戦争について、アメリカの国防総省や研究機関がずっと記録（ペンタゴン・ペーパーズ）をとっている。しかし、それをオープンにしていない。

ベトナム戦争は泥沼で全然うまくいっていないのに、マクナマラ国防長官なんかは、すっとぼけて、うまくいっている、もうすぐ終わるなんて言っている。それを書いている人が、憤った。この記録をオープンにして国民に真実を知らせなければならないと思うわけです。そのペーパーをコピーして、まずニューヨーク・タイムズに渡す。ニューヨーク・タイムズは、それを何カ月もかけて検証して、記事の連載を始めるんだけど、連載が始まった途端に、ニクソン政権が差し止め請求をしてストップをかけた。

そこで、ニューヨーク・タイムズに抜かれたワシントン・ポストが必死で同じペーパーを入手して、記事にしようと思ったら、それを察知した顧問弁護士などから絶対やめろ、会社が潰れるぞ、と迫られます。このときに、メリル・ストリープ演じる、夫が死んで急にワシントン・ポストの社主になったキャサリン・グラハムという人が、悩みながら、それでもうちはやはり出そうと、トム・ハンクス演じる編集主幹ベン・ブラッドリーと一緒に決めるんです。それで、ペンタゴン・ペーパーズをワシントン・ポストも記事にして、最終的に国との差し止め請求裁判になるんだけど、アメリカの連邦最高裁判所は新聞社側を勝たせます。

そのときの最高裁判所の判決文に、今も残っている名文があります。「報道機関は統治に仕えるものであり、政権や政治家に仕えるものではない」（映画「ペンタゴン・ペーパーズ　最高機密文書」パンフレットより）、つまり、読者、視聴者のために仕事をするのであって、国の権力者のために仕事をするのではないと、連邦最高裁判所が判決文に書いた。一九七〇年代のアメリカは、最も民主主義が力を発揮していた時期です。そのすぐ後にウォーターゲート事件があり、ワシントン・ポストはさらにニクソン大統領を追い詰めて、一九七四年にニクソンは辞任します。スピルバーグ監督がトランプ大統領が就任してすぐに「ペンタゴン・ペーパーズ」を撮り始めたと聞くと、アメリカはやはり「報道の自由」を大事にしている国だなと思いました。

姜　結局、今回の朝日新聞のスクープによってかなり重大なものが、つまりメディアのウォッチドッグとしての役割というか、あるいは民主主義が成り立つ一番大切な部分が、やはりメディアなしには成り立たないんだということを改めて知った人もいれば、まだまだそれが広がっていない部分もある。

従軍慰安婦をめぐる報道

姜　これは朝日の古傷に触れることになりますが、あの従軍慰安婦をめぐる報道は客観的に見れば、私はやはり誤報だったと思う。もっとも、それを事実上放置していた点やそれが発覚したときの対応のまずさなど、問題は多々ありますが。それがこのような形でハレーションを起こしてしまって、そして、ひところの朝日は大変な苦境に立たされる状況があった。メディアがこれにどう対応するかというときに、普通なら、同じ新聞社として、立場の違いはあれ、各社にそれぞれの良識があったと思うんですけれども、私の目から見ると、それが働かなかった。誰も手がつけられないような、そういうイメージで、怒濤《どとう》のごとくわーっと何かが出てきたような感じだった。今から振り返って、一色さんから見ると、どうしてああいうメディア状況が出てきたのでしょうか。

一色　朝日新聞は、一九九二年の段階で検証して、訂正しておけばよかった。吉田清治《せいじ》さんがこれまで本も書き、講演もしてきた、それを朝日新聞は真実だと思って、相当書いてきた。それを日本史学者の秦郁彦《はたいくひこ》先生が、済州島《チェジュド》に行って、そんな話は一つも残っていない。それだけのことだったら残っていてもおかしくないのに、全くないのはおかしいのではないか、多分、これはうそだということを書かれたり言われたりした。この段階で、朝日がちゃんと対応しておけば、こんなに批判されなかったと思います。

それから、朝日新聞は一九九七年に検証をやっているんです。その検証記事では、吉田清治さんの証言は真偽が定かではないと書いている。真偽が定かでないというのは、全くのうそだと証明できない事情があったのでしょう。ただ、やはり実際に済州島でいろいろ取材して出てこなかったのであれば、もう少し強く、あれは間違いだったと、訂正しておくべきだった。朝日が深く反省すべき点は十分にありました。

それにしても二〇一四年のバッシング自体は、大きかった。個人的感情としてはたたかれ過ぎたという思いはありますが、それを言っても詮無いですね。

北朝鮮報道をめぐって

姜　それから、北朝鮮報道をめぐって。アメリカのクリントン政権のときの国防長官だったペリーはかつて、あるがままの北朝鮮と向き合うべきだと言ったことがあります。「あるがまま」とは、北朝鮮の現状を価値判断の上で肯定しろと言っているのではありません。それは、リアリズムを説いているのです。この点で国際政治のリアリズムを代表するようなH・J・モーゲンソーが、その著書『国際政治』の中で、個人と国家が自己同一化する社会は、実は極めて不安定な社会であり、個人と国家の自己同一化が外交をも歪《ゆが》めてしまうことがあるというような趣旨のことを指摘しているのは、卓見だと思います。

北朝鮮をどう見るかという一つのモメンタムになったのは拉致問題でした。この間、朝日新聞も、二〇一七年九月一七日の検証記事の談話の中で福田康夫元総理の発言を載せているのが、非常に私は印象的でした。つまり、あの時点で我々が別の対応をしていたならば、北朝鮮との関係は、必ずしもその後のようにはならなかったのではないか。それは内心忸怩《じくじ》たるものがあると、福田元総理は政策当局者として言っているわけですが、やはり一旦何かある一つの既成事実ができ上がって、個人と国家というものが自己同一化して、そして、対象をいわば善か悪かの二元論で見てしまう。そこにリアリズムが欠如していく。それは私自身が身近に感じたことでした。

一色　二〇〇二年に拉致被害者である蓮池さんたちが最初に帰ってきたときに、一回北朝鮮に帰すことになっていたのを、安倍さんたちが強硬に主張して帰さなかったことについては、ボタンのかけ違いみたいなことがあったと福田さんは言っていました（日本経済新聞二〇一八年三月三日電子版）。あのとき、私は「AERA《アエラ》」の編集長で拉致問題にはかなり力を入れていたのですが、帰すべきでないというトーンで雑誌をつくりました。今思うと、一週刊誌としては、ポピュリズムではあるのですが、情のほうを優先する、そういう感じだったんです。おそらく多くのメディアに、そうした情の部分はあったと思うんです。つまり、蓮池さんたちは向こうに戻ったら、二度と帰ってこれないかもしれない。もう行かせないぞ、あんな非道な国に戻しちゃいけないという主張に拍手を送ったほうが、メディアとしては温かいという気持ちがどこかにあったかなと、思い出します。ほんとうは、約束を守ったほうが一瞬冷たく見えるけれども、外交としては筋が通っていい結果になると考えた人はいたと思いますが、ポピュリズムの前で陰に隠れてしまったかもしれません。

姜　私は、金正日が謝罪をした、申しわけないと言ったこと自体にいささか驚いた。北朝鮮からすると、これはまさしく天から地に神が降りてきたぐらいの出来事です。完全に向こう側は手を上げた。それぐらい彼らは追い込まれていたと思うんです。ちょうどイラク戦争の最中で、自分たちも「アクシス・オブ・イーブル（悪の枢軸）」と言われ、今度は自分たちがイラクのようになるのではないかという不安があった。そこで日本を仲介者にしてアメリカと交渉したいと思ったのでしょう。

今は韓国が当時の日本のポジションにある。北朝鮮としては、韓国を仲介者にアメリカと交渉したいと思っているのではないでしょうか。

私自身は、そのときから、拉致問題を拉致問題だけで解決しようとしても難しいのではないかと考えていました。家族にとっては一日千秋の思いでしょうが、それだけを取り出して、やろうとすればするほど解決の道は見出《みいだ》せなくて、やはりミサイル、核問題と拉致問題を並行して進めていかなければいけない。そうしないと、拉致問題は結局、いつまでたっても解決できないと述べていたのですが、なかなか受け入れられなかったですね。

エモーション（情緒・情動）が外交を左右することがある。極端な例で言うと、日露戦争の後に、ロシアとの講和条約（ポーツマス条約）をまとめた外相の小村寿太郎たちは大衆から国賊扱いされて、ついには日比谷焼き打ち事件（一九〇五年）が起きたわけです。だから、ああいうときにそうした発言をするということは、非常に難しい。

今から振り返ると、一〇年以上にわたって拉致問題は解決していない。

私が大学で教えていて、北朝鮮について五つぐらい知っている都市を言ってごらん、五人ぐらい知っている人間の名前を言ってごらんと言うと、ほとんどの学生は知らない。日本で北朝鮮の満足な研究をやっている大学はどれぐらいあるか。書店に行けば、有象無象の北朝鮮本がある。それらの中には内容の上で学問的な裏づけが何もないものもあります。それを考えていくと、やはり北朝鮮報道は非常に問題がある。日本の言論空間やメディア空間に目に見えない何かができてしまったのではないかというのが、私の率直な感想でした。

一色　北朝鮮は、国連加盟国の約八割と国交があって、人も行き来している。また、北朝鮮の人たちにも普通の暮らしがある。ところが日本の人たちには、北朝鮮は鎖国しているうかがい知れない不気味な国という印象がある。こうした日本から見た北朝鮮像だけでない普通の面もメディアは伝えないといけないと思います。取材は簡単ではありませんが。

姜　米朝交渉が成功するのかどうか。もし成功すると、それは日本外交にとって衝撃です。これはピンポン外交による米中国交回復と同じような、かなり大きなインパクトを与えるかもしれません。いずれにせよ、そういう問題を含めて、メディアの問題はやはり大きい。

ローカル紙の健闘

姜　それから、一色さんからぜひ聞きたかったのは、私の言うローカル紙の話です。一色さんから見て、地方紙はどんなふうに見えますか。

一色　基本的に地方紙は健闘していると思います。全国紙ほど部数の落ち込みも大きくありません。やはり地域に密着している強みがあります。また地方権力に対する「番犬」の役割をきちんと果たしている地方紙もたくさんあります。ただ、地方紙が陥りがちな問題は、先ほど姜さんもおっしゃられたけど、地方の政治や経済との距離が近くなって癒着してしまうことでしょう。そうすると、あるべきジャーナリズムから歪んでいってしまいます。

姜さんが福島民報の話をされたので思い出したのですが、私はちょうど四〇年前に初任地として福島に赴任して、三年半ぐらい過ごしました。その頃の福島民報には、とんでもない部分があった。当時の社主が小針暦二《こばりれきじ》氏という、自民党政治家に太いパイプを持つ東北の政商と言われる人でした。小針氏は福島交通の社長でしたが、毎日新聞系だった福島民報を自分の傘下におさめて、県政はおろか、国政の黒幕としても力を持っていました。原発についても推進の社是のもと、原発関係の広告をどんどん掲載していました。

ところが、一九九三年に小針氏が死去してからは、だんだん民主化されて、原発に対してもきちんと批判できるし、県の経済界との距離もとれる、今はいろいろな意味でバランスのとれた新聞になっています。地方紙は規模が小さいので、やはり経営者のスタンスによって大きく変わるというところがあります。

姜　鹿児島の南日本新聞に呼ばれて話をしたのですが、南日本新聞も健闘している。我々は物事をどうしても東京を中心にして見る部分もありますが、地方紙というものの存在は、日本にとってはかなり大きな意味がある。一色さんのお話をうかがっていると、メディアがすみ分けと同時に競合している中で、しっかりとした基盤を持ったメディアの存在がものすごく光っているような気がしました。

メディアと権力のあり方はどう変わっていくのか

姜　最後に、一色さんから見て、これからメディアと権力のあり方は、どう変わっていくのかについてうかがいたい。

一色　新聞社の最大の悩みとしては、紙離れがあります。経営難が表面化している会社はまだごく一部ですが、基本的にみんな少しずつ弱ってきている。アメリカは二一世紀になってずいぶん地方紙が潰れました。

アメリカの新聞事情を調査している人がインタビューで答えていたのを読むと、地方紙がなくなると民主主義が破壊されていく。例えば、これまでなら、地方紙の記者が必ず市議会の傍聴に来ていた。けれども、記者が傍聴に来なくなると、市政に緊張感がなくなって、市長の給料がどんどん上がっていったとか、そういう例がいくつも報告されていました。日本でも起こる可能性はあります。

地方の新聞がなくなっても、地方にはまだテレビが残っているではないかと思うかもしれませんが、テレビは報道ばかりではありません。エンターテインメントがあったり、ドラマがあったり、スポーツがあったりする中の一つとして報道があるわけで、人材も資金も豊富でない地方の民放に強い報道がほんとうにできるのかというと、なかなか難しい。あとはネットで発信する個人のウオッチャーが頼りとか、そんなことになってくるでしょう。

メディアの分断という問題も、背景には経営の問題があると思います。経営基盤が弱くなるにつれ、新聞社は固定読者を求め、論調の幅を狭めているようなところがあります。

これから新聞報道はどうあるべきか、ジャーナリズムはどうあるべきかということを考えることは当然大事なのですが、その前に新聞社がプロの記者や編集者をたくさん抱えた取材力を持つ組織として、このあと一〇年、二〇年、三〇年としっかり生きていけるのか、そこが一番の考えどころだと思いますが、答えはまだみつかっていません。ただ、質のいい報道が社会には必要であるはずで、多くの人にもそう思ってもらえるなら、やがて答えは見えてくるのではないでしょうか。

あとがき

一色 清

四〇年ほど前、大学を出たばかりの私は新人記者として福島市の朝日新聞福島支局に赴任した。到着するなり支局長は私を隣の喫茶店に連れていき、「これから君は名刺を出せば、県知事だって会ってくれる。それは君が書く記事に影響力があると考えられるからだ。そのことを忘れるな」と訓示を垂れた。

私の最初の担当は警察だった。いわゆる事件記者だ。警察署にいて署内があわただしくなれば、「何があったのですか」と警察官に聞く。ほとんど口もきいてくれない警察官が一カ月、二カ月たつと、少しずつ答えてくれるようになる。でも名前はまずよんでくれない。よくて「朝日さん」。たいていは「ブンヤさん」。今では死語に近いかもしれないが、新聞屋からきている「ブンヤさん」は警察官がよく使う言葉だった。親しくなると「あんたらの記事は影響力があるのだからしっかり取材して書いてよ、ブンヤさん」などと言ってくれる人もいた。誰もが新聞の影響力を感じている時代だった。

私が所属する朝日新聞社は二〇一九年、創立一四〇周年を迎えた。明治が始まってまもなく産声を上げ、戦争や大災害があってもほぼ毎日、新聞を出し続けて今に至っている。記事を印刷した紙という商品の形は、一四〇年ずっと同じだ。新聞という商品を売った代金と新聞に広告を掲載した代金が収入の大半というビジネスモデルも基本的に変わらない。考えれば、紙の新聞はここまでよく続いてきたといえるのかもしれない。

しかし、紙の新聞の退潮ははっきりしてきている。かつてほどの影響力もなくなったように感じる。特に若い人に届いていない感じがある。情報はスマートフォンがあれば十分という人が増えているからだ。

テレビも決して安泰ではない。知り合いのテレビ局員は「若い人が見なくなった」とため息をついている。こちらもインターネットに侵食されつつあるのだ。

ネットの発達による新聞離れやテレビ離れが新聞社やテレビ局の経営の問題だけなら、それは業界に関係ない人にとってはどうでもいい話だ。しかし、メディアの世界の地殻変動が報道という面から社会に変化を及ぼしているのなら、それは誰にとっても無関係な話ではなくなる。

二〇一六年、アメリカのトランプ大統領は世間の予想を覆して大統領になった。ネットを通じて流れたフェイクニュースが寄与したのではないかと話題になった。当選後もトランプ大統領は、自分の主張はツイッターで連打しながら、批判的な新聞やテレビが伝えるニュースについてはフェイクニュースだとかみついた。一部の親和的なメディアには積極的に登場し、メディアを敵味方に分断した。日本の安倍政権とメディアを取り巻く情勢も似た構図にある。メディアの分断は、社会の分断にも通じる。

　メディアよしっかりしろという気持ちを込めて、新聞、テレビ、ネットといったメディアの現場では何が起こっていて、それをどう読み解けばいいのか、を議論してみる時期ではないか、と私たちは考えた。二〇一七年一一月から二〇一八年三月にかけて開講した第六期「本と新聞の大学」は、テーマを「メディアは誰のものなのか？」とした。講演者には新聞、テレビ、雑誌、ネットなどで大活躍のジャーナリストや研究者がそろい、とてもぜいたくな講座になった。

　ただ、私にとってはやりにくいテーマだった。どんな業界の人でも同じだろうが、自分が所属している業界のことを論じるのは、どうしても「天につばする」ところがある。「そういうお前（お前の会社）はどうなのだ」と返ってくるのだ。あるいは現在進行形のニュースについては軽々に話せないこともある。取材をしている記者に迷惑がかかってはいけない。だからといって、歯切れの悪いことばかり言っていては、お金を払って聞きに来ている受講生のみなさんに申し訳ない。

　最終講義だった二〇一八年三月六日は、まさにそんな悩ましいタイミングで開かれた。三月二日に朝日新聞が一面トップで「森友文書　書き換えの疑い」という記事を載せていた。財務省が、政権や自分たちに都合の悪いところを隠すために公文書を書き換えた疑いがあるという内容で、本当なら驚愕のスクープだった。財務省は記事の真偽について、「調査中」としてすぐには認めなかった。六日は財務省が調査中としていた時期で、安倍政権を擁護する立場の人からは「朝日は証拠を示せ」とか「朝日の誤報ではないのか」といった声が出ていた。財務省が公式に書き換えを認めるのは三月一二日まで待たないといけなかった。

このタイミングで講義の場所は朝日新聞社読者ホール。受講生のみなさんが「本当はどうなの?」と私に聞きたいと思うのは当然だろう。対談相手の姜尚中さんも当然、容赦せずに聞いてきた。

難しい立場だったが、幸いにも私はどんなメンバーがどんな根拠でこの記事を書いたのか、まったく知らなかった。そんなことは同じ会社でも秘密になっているものだ。だから、「私は何も知りませんので、これから話すことはすべて推測です」と断って、自分の経験などから考えられることを話した。受講生はもっとはっきりしたことを聞きたかったと思うが、私にとっては精一杯だった。この「森友文書 書き換えの疑い」のスクープは二〇一八年の日本新聞協会賞を受賞した。あとから考えれば、締めくくりの講義でこのスクープについて議論することができたのは、幸いだった。「メディアは誰のものなのか?」を考えるとてもいい教材であり、その答えにもなっているような気がした。

編集協力／加藤裕子　坂本信弘
図版作成／クリエイティブメッセンジャー

一色 清（いっしき きよし）
朝日新聞社教育コーディネーター。

姜尚中（カン サンジュン）
政治学者・作家。東京大学名誉教授。

池上 彰（いけがみ あきら）
ジャーナリスト。

青木 理（あおき おさむ）
ジャーナリスト・ノンフィクションライター。

津田大介（つだ だいすけ）
ジャーナリスト／メディア・アクティビスト。

金平茂紀（かねひら しげのり）
TBS「報道特集」キャスター。

林 香里（はやし かおり）
東京大学大学院情報学環教授。

平 和博（たいら かずひろ）
朝日新聞IT専門記者。

メディアは誰《だれ》のものか――「本《ほん》と新聞《しんぶん》の大学《だいがく》」講義録《こうぎろく》

二〇一九年三月二〇日 第一刷発行

集英社新書〇九六九B

著者……一色《いっしき》 清《きよし》／姜尚中《カンサンジュン》／池上《いけがみ》 彰《あきら》／青木《あおき》 理《おさむ》／津田大介《つだだいすけ》／金平茂紀《かねひらしげのり》／林《はやし》 香里《かおり》／平《たいら》 和博《かずひろ》

発行者……茨木政彦

発行所……株式会社集英社

東京都千代田区一ツ橋二-五-一〇 郵便番号一〇一-八〇五〇

電話 〇三-三二三〇-六三九一（編集部）
〇三-三二三〇-六〇八〇（読者係）
〇三-三二三〇-六三九三（販売部）書店専用

装幀……原 研哉

印刷所……大日本印刷株式会社 凸版印刷株式会社

製本所……加藤製本株式会社

定価はカバーに表示してあります。

ISBN 978-4-08-721069-9 C0236

a pilot of wisdom

社会——B

自転車が街を変える　秋山岳志
原発、いのち、日本人　浅田次郎／藤原新也ほか
「知」の挑戦 本と新聞の大学Ⅰ　一色清／姜尚中ほか
「知」の挑戦 本と新聞の大学Ⅱ　一色清／姜尚中ほか
東海・東南海・南海 巨大連動地震　高嶋哲夫
千曲川ワインバレー 新しい農業への視点　玉村豊男
教養の力 東大駒場で学ぶこと　斎藤兆史
消されゆくチベット　渡辺一枝
爆笑問題と考える いじめという怪物　太田光／NHK「探検バクモン」取材班
部長、その恋愛はセクハラです！　牟田和恵
モバイルハウス 三万円で家をつくる　坂口恭平
東海村・村長の「脱原発」論　村上達也／神保哲生
「助けて」と言える国へ　奥田知志／茂木健一郎
わるいやつら　宇都宮健児
ルポ「中国製品」の闇　鈴木譲仁
スポーツの品格　桑田真澄／佐山和夫
ザ・タイガース 世界はボクらを待っていた　磯前順一
ミツバチ大量死は警告する　岡田幹治
本当に役に立つ「汚染地図」　沢野伸浩
「闇学」入門　中野純
100年後の人々へ　小出裕章
リニア新幹線 巨大プロジェクトの「真実」　橋山禮治郎
人間って何ですか？　夢枕獏ほか
東アジアの危機「本と新聞の大学」講義録　一色清／姜尚中ほか
不敵のジャーナリスト 筑紫哲也の流儀と思想　佐高信
騒乱、混乱、波乱！ ありえない中国　小林史憲
なぜか結果を出す人の理由　野村克也
イスラム戦争 中東崩壊と欧米の敗北　内藤正典
刑務所改革 社会的コストの視点から　沢登文治
沖縄の米軍基地「県外移設」を考える　高橋哲哉
日本の大問題「10年後を考える」——「本と新聞の大学」講義録　一色清／姜尚中ほか
原発訴訟が社会を変える　河合弘之
奇跡の村 地方は「人」で再生する　相川俊英

日本の犬猫は幸せか 動物保護施設アークの25年　エリザベス・オリバー
おとなの始末　落合恵子
性のタブーのない日本　橋本 治
ジャーナリストはなぜ「戦場」へ行くのか――取材現場からの自己検証　危険地報道を考えるジャーナリストの会・編
医療再生 日本とアメリカの現場から　大木隆生
ブームをつくる 人がみずから動く仕組み　殿村美樹
「18歳選挙権」で社会はどう変わるか　林 大介
3・11後の叛乱 反原連・しばき隊・SEALDs　笠井 潔／野間易通
「戦後80年」はあるのか ――「本と新聞の大学」講義録　一色 清／姜尚中 ほか
非モテの品格 男にとって「弱さ」とは何か　杉田俊介
「イスラム国」はテロの元凶ではない グローバル・ジハードという幻想　川上泰徳
日本人 失格　田村 淳
たとえ世界が終わっても その先の日本を生きる君たちへ　橋本 治
あなたの隣の放射能汚染ゴミ　まさのあつこ
マンションは日本人を幸せにするか　榊 淳司
敗者の想像力　加藤典洋
人間の居場所　田原 牧

いとも優雅な意地悪の教本　橋本 治
世界のタブー　阿門 禮
明治維新150年を考える ――「本と新聞の大学」講義録　一色 清／姜尚中 ほか
「富士そば」は、なぜアルバイトにボーナスを出すのか　丹 道夫
男と女の理不尽な愉しみ　林真理子／壇 蜜
欲望する「ことば」 「社会記号」とマーケティング　嶋浩一郎／松井 剛
ぼくたちはこの国をこんなふうに愛することに決めた　高橋源一郎
ペンの力　浅田次郎／吉岡 忍
「東北のハワイ」は、なぜV字回復したのか スパリゾートハワイアンズの奇跡　清水一利
村の酒屋を復活させる 田沢ワイン村の挑戦　玉村豊男
デジタル・ポピュリズム 操作される世論と民主主義　福田直子
戦後と災後の間――溶融するメディアと社会　吉見俊哉
「定年後」はお寺が居場所　星野 哲
ルポ 漂流する民主主義　真鍋弘樹
ルポ ひきこもり未満　池上正樹
中国人のこころ 「ことば」からみる思考と感覚　小野秀樹
わかりやすさの罠 池上流「知る力」の鍛え方　池上 彰

慶應義塾文学科教授　永井荷風
末延芳晴　0959-F
「性」と「反骨」の文学者・荷風の教育者としての実像と文学界に与えた影響を詳らかにした初めての評論。

一神教と戦争
橋爪大三郎／中田 考　0960-C
西欧思想に通じた社会学者とイスラーム学者が、衝突の思想的背景に迫り、時代を見通す智慧を明かす。

安倍政治 100のファクトチェック
南 彰／望月衣塑子　0961-A
第二次安倍政権下の発言を○、△、×で判定。誰がどのような「嘘」をついたかが、本格的に明らかになる！

「考える力」を伸ばす AI時代に活きる幼児教育
久野泰可　0962-E
長年にわたり幼児教育を実践してきた「こぐま会」の、考える力、物事に取り組む姿勢の育み方を伝授する。

本当はこわい排尿障害
高橋知宏　0963-I
中高年の約半数が抱えるという排尿障害の知られざるメカニズムを、この道四〇年の泌尿器科医が解説する。

近現代日本史との対話【幕末・維新―戦前編】
成田龍一　0964-D
時代を動かす原理＝「システム」の変遷を通して歴史を描く。〈いま〉を知るための近現代日本史の決定版！

「通貨」の正体
浜 矩子　0965-A
得体の知れない変貌を見せる通貨。その脆弱な正体を見極めれば未来が読める。危うい世界経済への処方箋！

わかりやすさの罠 池上流「知る力」の鍛え方
池上 彰　0966-B
「わかりやすさ」の開拓者が、行き過ぎた〝要約〟や〝まとめ〟に警鐘を鳴らし、情報探索術を伝授する。

羽生結弦は捧げていく
高山 真　0967-H
さらなる進化を遂げている絶対王者の五輪後から垣間見える、新たな変化と挑戦を詳細に分析。

近現代日本史との対話【戦中・戦後―現在編】
成田龍一　0968-D
人々の経験や関係を作り出す「システム」に着目し、日中戦争から現在までの道筋を描く。